BAMBU VITAE – Bambú de la A a la Z

Rogerio Cietto

Published by Rogerio Cietto, 2024.

*Y todos los residentes
de Egipto sabrán
que yo soy el Señor,
porque él mismo se hizo
un bastón de bambú*
a la casa de Israel.
Ezequiel 29, 6*

* *caña, bambú, palo y vara son posibles traducciones de este texto bíblico
(קָנֶה)*

PREFACIO

BAMBU VITAE – Bambú de la A a la Z

Plantación, procesamiento y fabricación, incluyendo los aspectos económicos, legales y sociales.

Nuestro objetivo es hacer que el lector conozca y domine toda la cadena productiva del bambú, desde la plantación (suelo, clima, especies aptas para el uso previsto), procesamiento (recolección, tratamiento químico, impermeabilización) y fabricación (casas, muebles, decoración, artesanías) y mucho más.

El bambú se puede utilizar para sustituir la madera y el contrachapado, e incluso en lugar de algunos metales y plásticos, debido a sus peculiares características físicas.

Pero para ello es necesario saber todo sobre esta fantástica planta, así como las herramientas y suministros adecuados, así como las mejores técnicas.

¿Estás pensando en mudarte al campo sin tener que gastar una fortuna en una casa fea y caliente de hormigón armado?

¿Tiene una pequeña propiedad rural y pretende cambiar de actividad o diversificar sus productos?

¿Tienes o conoces una industria contaminante y quieres reducir/cero tu huella ambiental?

¿Eres un *prepper* pero no tienes mucho presupuesto para cuando llegue el gran día?

¿Le gustaría construir proyectos simples, económicos, duraderos y ecológicamente equilibrados para su familia y comunidad?

Así que acerca una silla y ponte cómodo, este libro es para ti.

Bambu vitae es más que un plan de estudios, es una habilidad para la vida.

Bienvenidos, buenos estudios y que Dios los bendiga e ilumine siempre.

INDICE

1. INTRODUCTIÓN

El bambú es una planta de la familia de las gramíneas (Poaceae), con aproximadamente 50 géneros y más de 1300 especies, originaria de todos los continentes excepto Europa.

Distribución de bambúes en el mundo.

El bambú es naturalmente un material considerado ligero, resistente, versátil, con características físicas y mecánicas similares a la madera. Puede reemplazar muchos materiales en la fabricación de diversos productos y puede usarse en construcción, arquitectura y diseño.

Se cree que este nombre es una onomatopeya del sonido que produce el arbusto de la planta cuando se incendia (bam - bum). La presión del aire caliente dentro del bambú hace que la pieza explote generando una explosión. Los primeros fuegos artificiales se producían colocando pólvora dentro de bambú bien sellado y simplemente encendiendo la mecha para producir una explosión.

El bambú es una planta ancestral, habiéndose descrito su uso desde los años 1600 al 1100 a.C., según consta en escritos chinos. Tiene una importancia cada vez mayor para la humanidad, siendo conocido como "el amigo del pueblo" en China, "el hermano" en Vietnam y "la madera de los pobres" en la India.

El término "la madera de los pobres" se interpreta erróneamente como si el bambú fuera una materia prima destinada sólo a la clase baja de la sociedad, sin embargo, el verdadero significado de esta frase es que la planta es tan fácilmente accesible y tiene tantas cualidades que incluso los sectores de la población menos favorecidos, en términos económicos, pueden tener acceso a esta materia prima, a diferencia de los productos elaborados con madera, que, en general, no siempre son accesibles a la población de bajos ingresos.

Plantar bambú también tiene grandes ventajas, como un ciclo más corto que la madera; alta productividad por hectárea; crecimiento rápido; bajo costo de plantación; facilidad de cultivo, utilizando herramientas sencillas; bajo costo de mantenimiento, ya que es poco susceptible a enfermedades y plagas; tiene una importante función estética y paisajística, y también puede ayudar en la revitalización de zonas degradadas (recuperación pós-incendios, por ejemplo) y aumentar el sistema de reforestación en Brasil, país que cuenta con un gran número de especies de esta planta y una clima adecuado para su pleno crecimiento y desarrollo.

El bambú es el vegetal de más rápido crecimiento en la naturaleza. Sus culmos, como se llaman los palos, alcanzan su longitud final (que puede superar los 30 m en algunas especies) en hasta seis meses. Tiene un poder renovador muy grande, y tras plantarla echa brotes anualmente, por lo que no es necesario replantarla. El corte selectivo de tallos maduros, realizado anualmente, no perjudica la vitalidad de la planta, y además le proporciona mayor ventilación y asoleamiento, contribuyendo positivamente a su desarrollo.

Considerada la planta de "los mil usos" entre los orientales, dependiendo de la especie utilizada, el bambú puede proporcionar alimento, refugio, calor, utensilios domésticos, herramientas agrícolas, artesanía y una serie de artículos más, varios de los cuales tienen aplicaciones industriales, como brotes comestibles conservados, celulosa y papel, material de construcción, muebles, productos a base de bambú procesado y laminados pegados, entre otros.

El bambú también es un "secuestrador" de carbono atmosférico, al ser un cultivo predominantemente tropical, renovable y perenne, es decir, que no necesita replantar producciones anuales de rápido crecimiento (culmos), lo que lo hace apto para el desarrollo sostenible. Se cree que una mata de bambú leñoso es capaz de absorber hasta 80 kg de carbono por año (2 toneladas por mes por hectárea), generando créditos de carbono, que son muy importantes para el desarrollo económico del lugar.

Brasil es el país que posee la mayor reserva natural de bambú del mundo: está en el Estado de Acre y tiene alrededor de 70.000 km^2 de bosques de bambú, donde se encuentran especies del género *Guadua*, considerada por los expertos como una de las más adecuadas para la construcción.

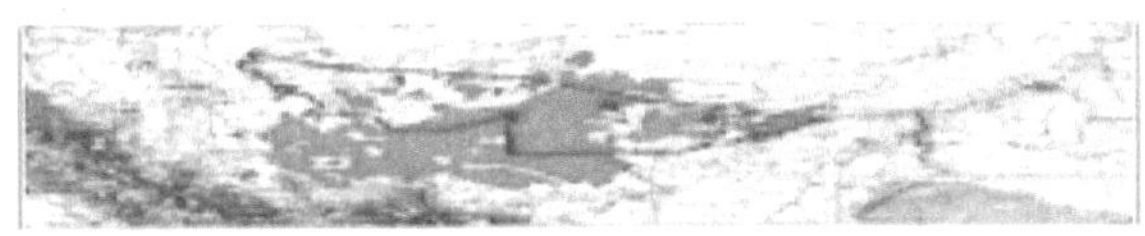

Además de éstas, no es difícil encontrar varias especies asiáticas repartidas por todo el país, traídas por los portugueses desde sus posesiones en Asia (*Dendrocalamus Asper* es la más común) y, posteriormente, por inmigrantes chinos y japoneses (géneros *Sasa* y *Phyllostachys*) que vinieron a trabajar en el ciclo económico cafetalero.

Dependiendo de la región, el bambú recibe otros nombres, como taquara, taboca, taquaruçu, taquari, cana brava, entre otros.

Bambú es el nombre que reciben las plantas de la subfamilia Bambusoideae, de la familia de las gramíneas. Esta subfamilia se divide en dos tribus, los Bambuseae, que son los bambúes llamados leñosos (taquara o taquaruçu) y los Olyrae, los bambúes llamados herbáceos (taboca o taquara mirim). Es, por tanto, una hierba gigante, como el maíz, la cebada, el trigo, la caña de azúcar, entre otros, y no es un árbol, como comúnmente lo caracteriza la mayoría de las personas.

Por las características de su tallo, se considera una planta leñosa, clasificada como angiosperma, ya que tiene semillas protegidas y produce frutos, y monocotiledóneas, que son plantas que tienen raíces fasciculadas.

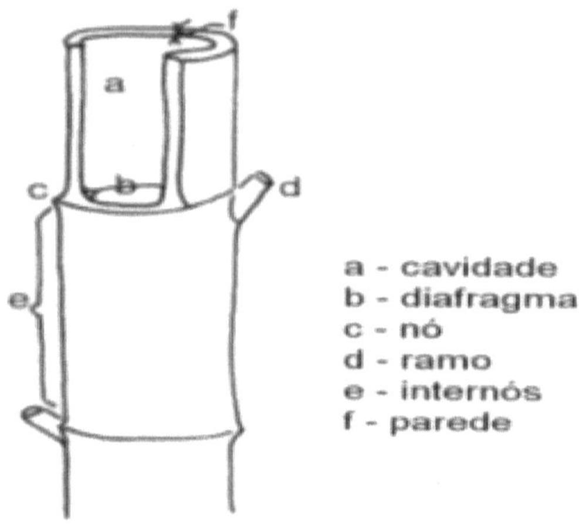

a – cavidad

b – diafragma

c – nodo

d – rama

e - entrenodo

f - pared

Para comprender adecuadamente el potencial del bambú, es fundamental conocer la distinción entre sus dos formas de propagación:

Grupo de los paquimorfos, simpodiales o aglomerados, que se desarrollan en el espacio de forma aglutinada, formando matorrales, con raíces en el fondo. Se les llama paquimorfos, porque son cortos y gruesos; tienen yemas laterales que se desarrollan en nuevos rizomas o nuevos culmos.

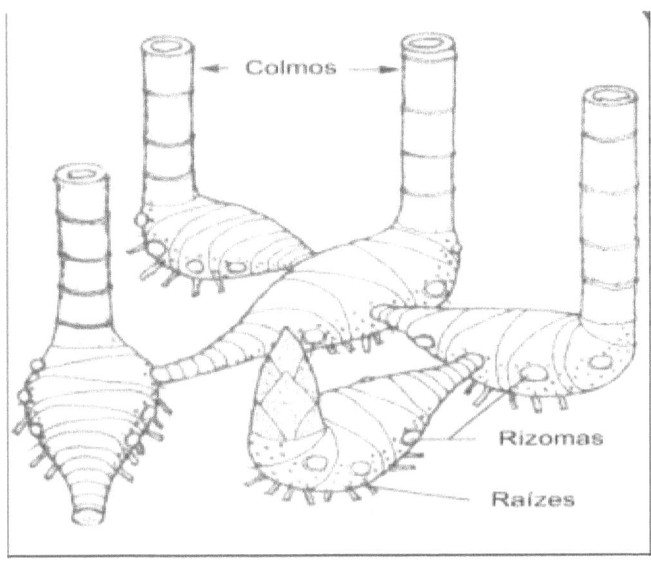

Son especies de zonas tropicales, comprendiendo, entre otros, los géneros *Bambusa, Dendrocalamus, Gigantochloa* y *Guadua* (este último considerado semihacinante). No se deben plantar cerca de edificios, para evitar daños en caso de caída.

Guadua Bicolor, especie semihacinante.

Grupo de los leptomorfos, monopodiales o extendidos, se desarrolla en el espacio de forma aislada y difusa, a través de rizomas cilíndricos, con una yema en sus nodos que, una vez activada, produce un nuevo culmo o un nuevo rizoma. Se ramifican lateralmente recorriendo distancias considerables y formando gruesas redes que pueden recorrer una distancia de uno a seis metros en un año, formando una red que puede alcanzar de 50 a 100 mil metros lineales por hectárea. Se desarrollan mejor en zonas templadas, comprendiendo, entre otros, los géneros *Arundinaria, Phyllostachys, Sasa, Semi-arundinaria, Shibatae* y *Sinobambusa.*

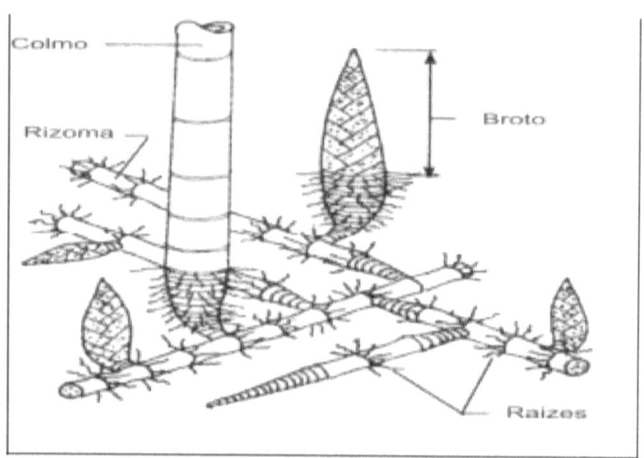

Una de las principales precauciones que se deben tomar a la hora de plantar una especie de bambú extendido es su contención, ya que puede dispersarse a grandes distancias de forma descontrolada, provocando problemas con propiedades vecinas e invasión de áreas no deseadas.

La propagación de este bambú se puede controlar mediante barreras físicas existentes, como una presa o un camino ancho, utilizando gruesas láminas divisorias enterradas o creando una zanja de al menos 50 cm de fondo y 30 cm de ancho.

El bambú es una planta que destaca no sólo por su belleza y versatilidad, sino también por su potencial para transformar economías, comunidades y ecosistemas en todo el mundo. Aprovechar toda la cadena de producción del bambú es un ejemplo notable de cómo se puede optimizar un recurso natural para generar beneficios económicos, sociales y ambientales.

Económicamente, el bambú es una alternativa sostenible y de bajo costo a muchos materiales convencionales, y ofrece oportunidades comerciales que van desde el cultivo hasta la fabricación de productos finales. Su rápida tasa de crecimiento y su capacidad de regenerarse sin necesidad de replantar reducen los costos y aumentan la eficiencia de la producción. Además, la cadena de producción del bambú puede crear empleos en las zonas rurales, impulsando el desarrollo local y regional.

Socialmente, el cultivo y procesamiento del bambú pueden tener un impacto positivo significativo. A través de la formación y capacitación de las comunidades locales, es posible promover la inclusión social y económica. Los pequeños agricultores y empresarios tienen la oportunidad de participar en un mercado en crecimiento que valora la sostenibilidad y la innovación. Este aspecto social es crucial, ya que fortalece la cohesión comunitaria y promueve una economía más justa.

Desde el punto de vista medioambiental, el bambú ofrece una serie de ventajas. Como planta de rápido crecimiento, el bambú secuestra grandes cantidades de dióxido de carbono y ayuda a combatir el cambio climático. Su uso reduce la necesidad de talar árboles y contribuye a la preservación de los bosques tropicales y otros ecosistemas vitales.

Además, el bambú tiene la capacidad de mejorar la calidad del suelo y prevenir la erosión, promoviendo la salud de los ecosistemas.

Por lo tanto, aprovechar al máximo la cadena productiva del bambú no es sólo una oportunidad para la innovación y el crecimiento económico, sino también un camino hacia el desarrollo sostenible y la mejora de las condiciones sociales y ambientales. Integrando prácticas eficientes y responsables, es posible maximizar los beneficios de este recurso natural y promover un futuro más equilibrado y sostenible para todos.

"Y el que estaba sentado en el trono dijo: He aquí, yo hago nuevas todas las cosas". Apocalipsis 21, 5. Cada momento histórico tiene su apogeo, para ser reemplazado por otro mejor, más barato, más duradero, más hermoso. En Brasil hemos tenido varios ciclos económicos, desde el pau-brasil hasta la reciente industrialización desconectada del medio ambiente. Es hora de hacer que todas las cosas vuelvan a ser nuevas, a través del desarrollo económico y social sostenible, y el bambú será una parte clave de este momento.

2. ¿PARA QUE SE UTILIZA EL BAMBÚ?

El bambú es una planta increíblemente versátil y útil en muchos ámbitos. Estas son algunas de sus principales aplicaciones:

1. Construcción: El bambú se utiliza a menudo como material de construcción debido a su resistencia y flexibilidad. Se puede encontrar en estructuras como casas, vallas, pérgolas, puentes y andamios, así como refugios improvisados en situaciones de supervivencia.

2. Muebles: Muchos muebles están hechos de bambú, como sillas, mesas y estanterías. Es apreciado por su durabilidad y estética (más bonito que el metal, más duradero que el contrachapado o el mdf).

3. Manualidades y Decoración: El bambú se utiliza para elaborar artículos artesanales como cestas, jarrones, paneles decorativos, cubiertos y utensilios del hogar. La ventaja en este caso es que, una vez agotados, siguen sirviendo como leña, a diferencia de los de plástico.

4. Alimentación: Los brotes de bambú son comestibles y muy utilizados en la cocina de diversas culturas, especialmente en Asia. Suelen consumirse en ensaladas y dulces. No todas las variedades de bambú son aptas para el consumo y los brotes deben hervirse bien para que sean aptos para el consumo.

5. Papel y textiles: El bambú se puede procesar para producir papel y textiles, como el rayón de bambú, que es una alternativa sostenible a otros materiales.

6. Control de la erosión: La capacidad del bambú para crecer rápidamente y formar raíces profundas lo hace útil para prevenir la erosión del suelo, especialmente en lugares cercanos a las riberas de los ríos pero también en áreas con fuertes vientos (erosión eólica), es decir, evita que el sitio levante mucho polvo y escombros, así como productos químicos (pesticidas agrícolas, por ejemplo), arrojados a propiedades vecinas y transportados por el viento.

Es necesario explicar mejor el mito popular de que "el bambú extrae agua del suelo como el eucalipto": los bambúes aglomerados permiten que el suelo absorba el agua más fácilmente que la hierba y, al mismo tiempo, proporcionan más sombra, evitando la evaporación del agua del suelo. Sin embargo, no se deben plantar bambúes cerca de fuentes de agua, ya que "asfixiarán" la vegetación local.

7. Biodiversidad y Medio Ambiente: El bambú crece rápidamente y ayuda a capturar dióxido de carbono, contribuyendo a la mitigación del cambio climático. También ofrece hábitat para varias especies de fauna y flora.

Menos CO2, más humedad

Panda Rojo

8. Instrumentos musicales: Se utiliza en la fabricación de instrumentos musicales como flautas y otros instrumentos de viento.

9. Carbón y Leña: a pesar de no tener el mismo poder calorífico que la madera, la ventaja del bambú es que en la gran mayoría de los casos el aroma de la savia impregnada en el bambú es más agradable, al igual que los árboles frutales.

10. Productos de higiene y limpieza: la esencia de bambú tiene propiedades regeneradoras de la piel y es rica en vitaminas, aminoácidos y sales minerales. Como té, las hojas de bambú tienen efectos antiinflamatorios y reducen la ansiedad y el estrés.

11. Paisajismo: es habitual encontrar corredores de bambú en zonas turísticas, tanto para delimitar zonas en las que se permite el acceso, como para ocultar lugares sin atractivos estéticos, como polígonos industriales, por ejemplo. El bambú también se utiliza como cerca viva,

evitando que los animales salgan de la propiedad, así como también evita que entren invasores.

12. Tratamiento de aguas residuales domésticas: es posible tratar las aguas residuales domésticas (aguas residuales provenientes de actividades higiénicas y/o de limpieza) en una simple fosa séptica y utilizar el efluente del tratamiento en una zanja de infiltración, entre aglomerados de matorrales de bambú como Asper y Guadua. De esta manera, el sistema será altamente eficiente y también se utilizará como fertilizante para el bambú, que a su vez podrá utilizarse para diversos fines comerciales, industriales o inmobiliarios.

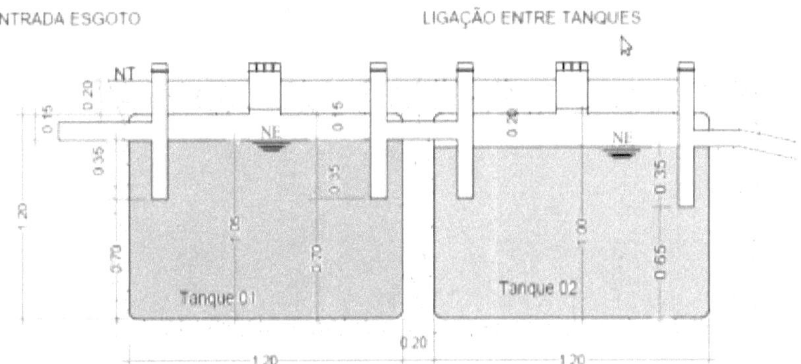

TANQUE SÉPTICO - Contenedores 1.000 litros

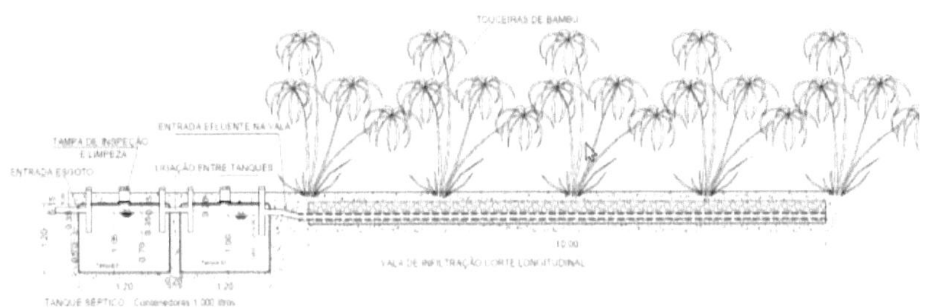

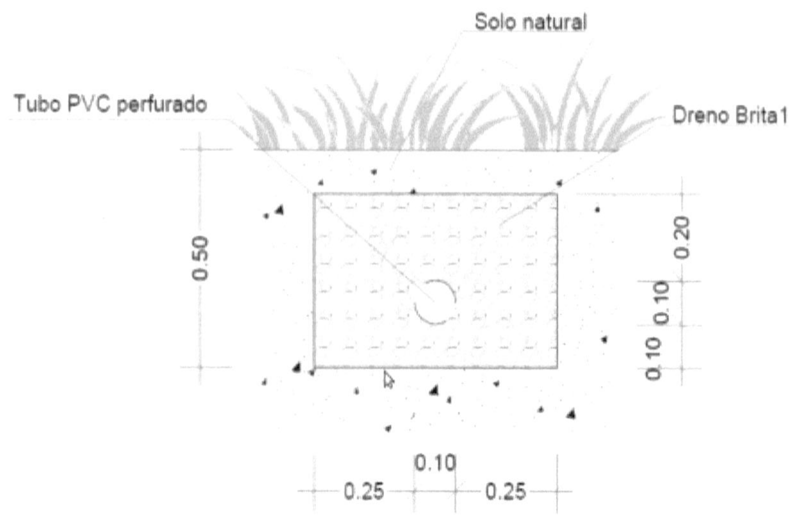

Su rápido crecimiento y sus propiedades ecológicas hacen del bambú una opción sostenible y eficiente en muchos contextos.

Además de estos usos más comunes, el bambú también tiene (o tuvo) usos inusuales, que vale la pena conocer.

El Demoiselle, un avión diseñado y construido por Alberto Santos Dumont, fue realizado con una estructura de bambú.

La primera bombilla eléctrica, inventada por Thomas Alva Edison, tenía en su interior un filamento de bambú.

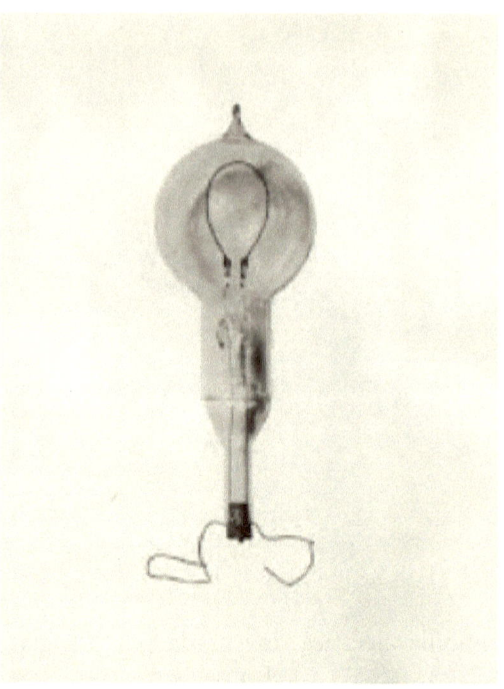

Durante la guerra de Vietnam, los soldados estadounidenses se topaban a menudo con minas antipersonal fabricadas con munición, un trozo de bambú y un clavo. La munición se colocaba en el bambú y el clavo en la parte inferior, muy cerca de la pastilla. Cuando el soldado pisó el lugar, la munición salió disparada, hiriendo al combatiente en un pie y dejándolo fuera de combate. También eran comunes los fosos con lanzas de bambú, cubiertos de follaje, que servían tanto para capturar animales como para impedir el avance de las tropas.

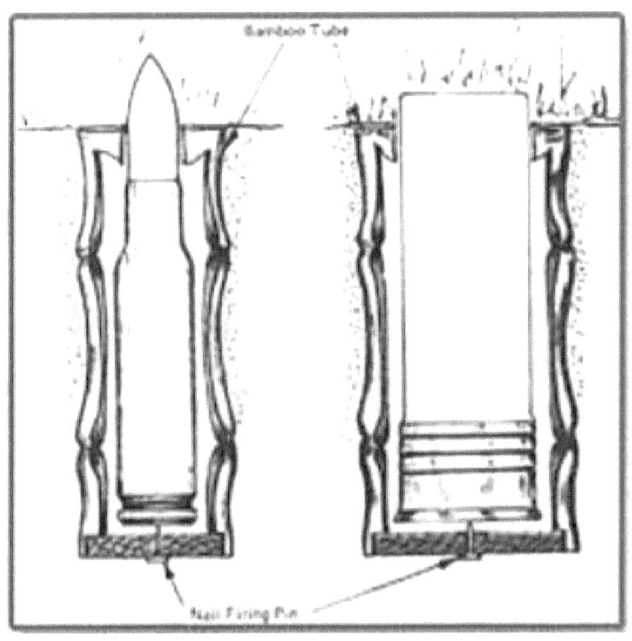
Bamboo Tube
Nail Firing Pin

En situaciones de supervivencia, es posible utilizar el bambú como lugar para almacenar agua o alimentos, ya que el bambú leñoso puede tener hasta 1 L de volumen en los entrenodos.

Siguiendo con el tema de la supervivencia, el bambú se puede utilizar para construir armas de caza, como la cerbatana (que se acciona mediante soplo), el arco y la flecha y la lanza, además de servir como mangos para otras herramientas como martillos y hachas.

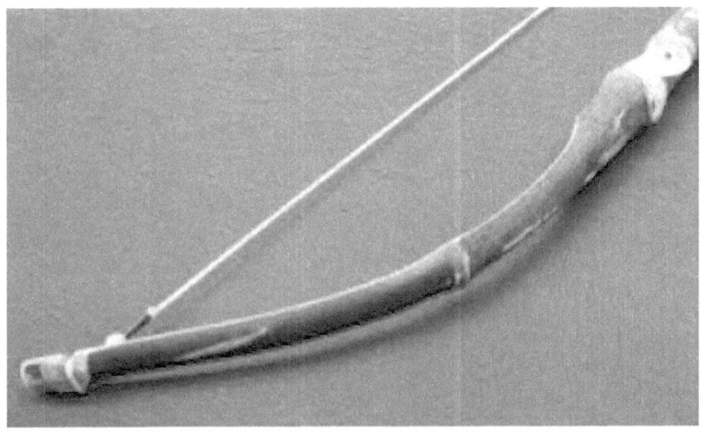

También puede utilizarse como caña de pescar, para obtener fuego y como cacerola para preparar y consumir alimentos.

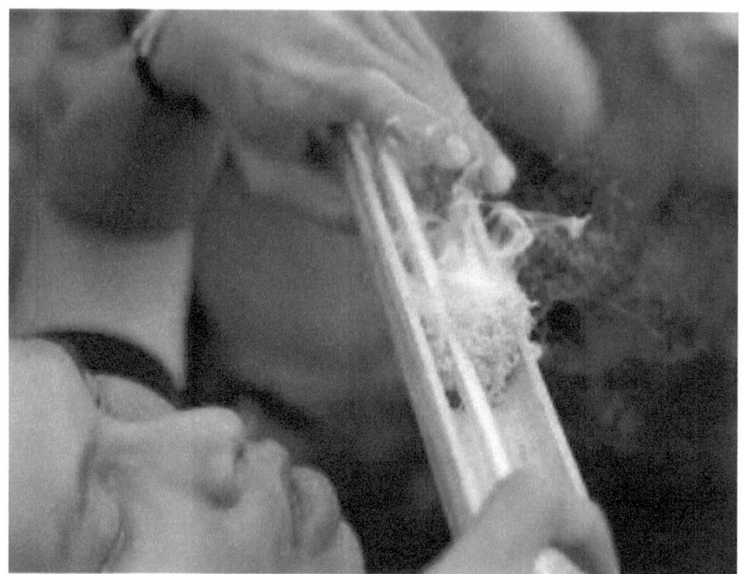

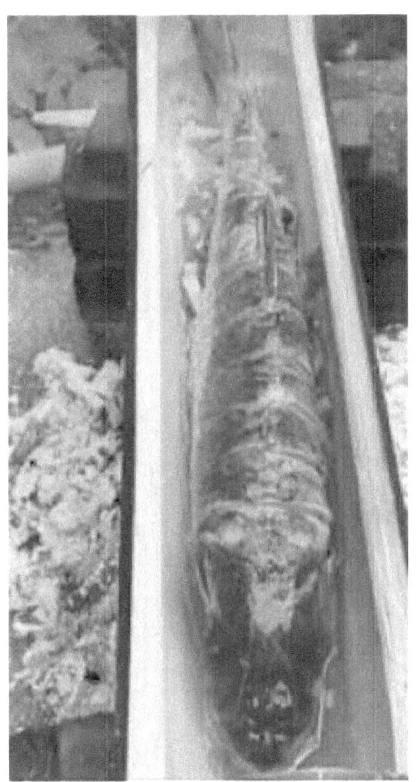

Por si fuera poco, el bambú es la mejor opción para realizar balsas, ya que tiene una excelente flotabilidad y es fácil de ensamblar las piezas, formando un catamarán con buena seguridad y maniobrabilidad.

Museo del Bambú, campus de Agronomía de la Universidad Federal de Goiás (UFG).

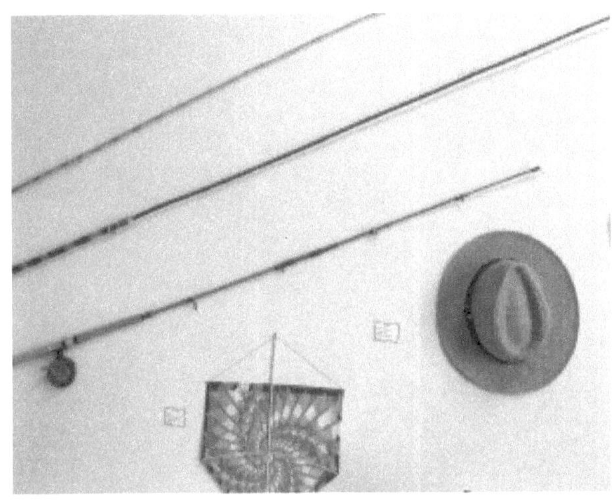

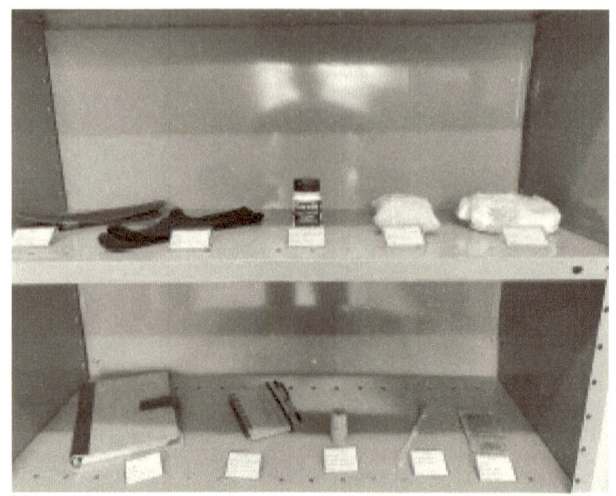

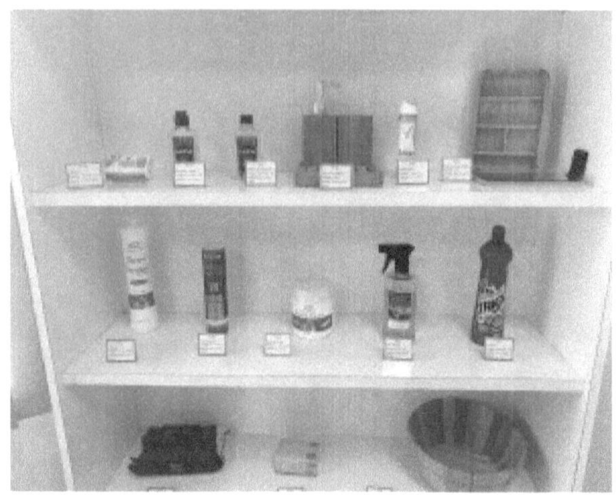

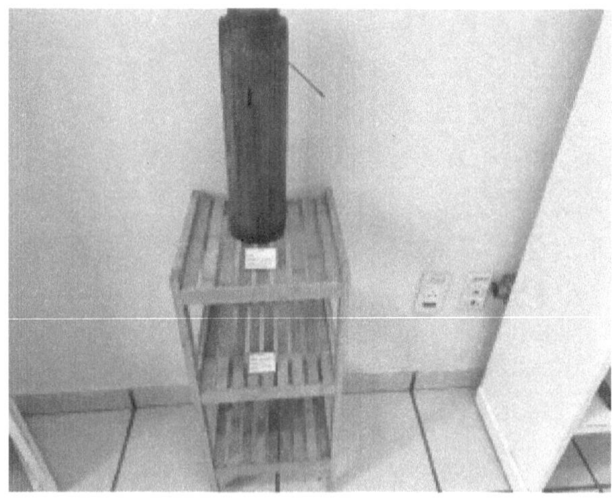

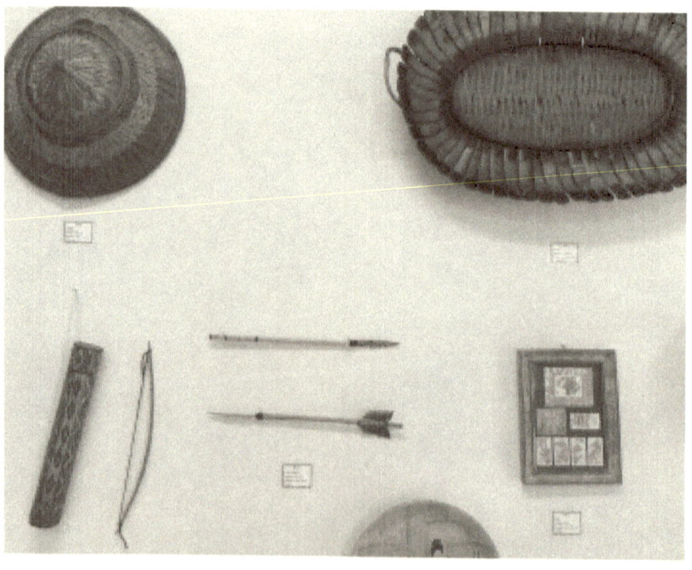

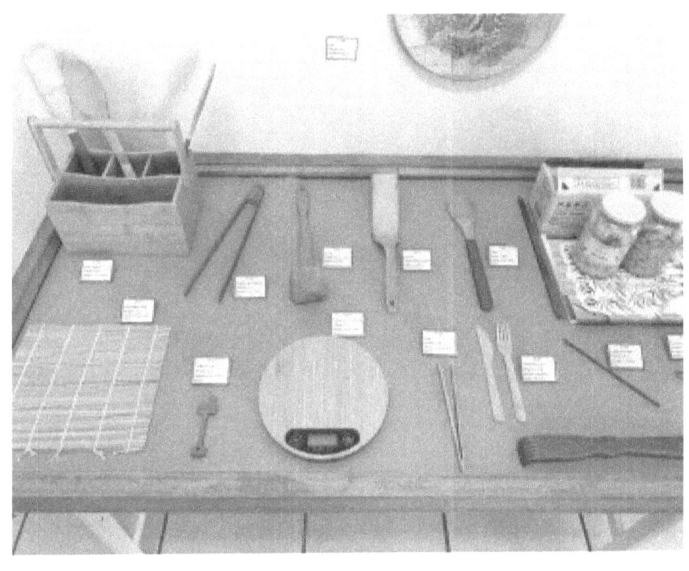

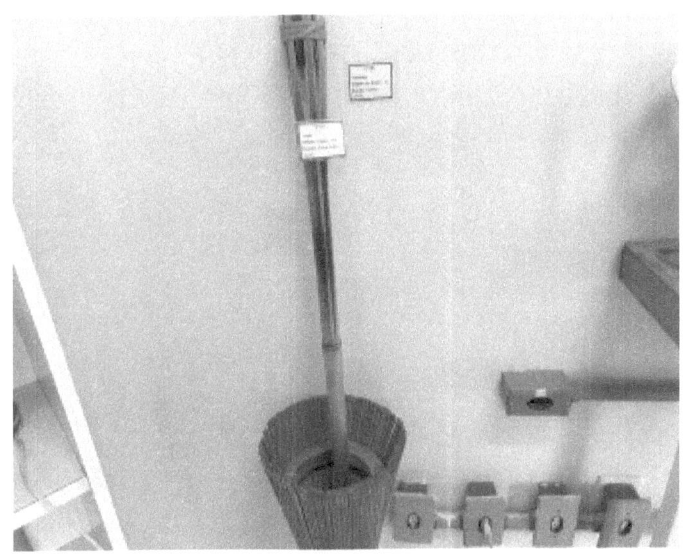

La Palabra de Dios en Jeremías 33, 3, dice: "Llámame, y yo te responderé, y te declararé cosas grandes y seguras que tú no sabes". Puede ser que Dios todavía tenga otros usos para el bambú. Sólo pregunta.

3. IDENTIFICAR LA MEJOR UBICACIÓN

Elegir el lugar adecuado para plantar bambú depende de varios factores, como el suelo, las precipitaciones y el clima, pero el factor principal es la razón por la que se pretende cultivar esta hierba gigante.

Por lo general, el bambú acepta todo tipo de terrenos para crecer, pero se comporta mejor en terrenos arenosos y drenados en pendiente, es decir, con poca arcilla y poco limo. Si el suelo no es el más adecuado, será necesario hacer un hoyo más ancho y profundo (60 cm L x 40 cm H para las leñosas, 40 cm L x 20 cm H para las herbáceas), y reponer 20 cm de la fondo con terreno más adecuado.

Bambú D. Asper plantado en suelo inadecuado, con desarrollo inferior al normal.

La mayoría de las especies requieren mucho sol (mínimo de seis horas al día) y lluvia perenne, pero una vez que se establecen los grupos, la planta puede sobrevivir sin necesidad de riego. En climas secos como el semiárido y la sabana, será necesario regar las plántulas durante al menos el primer año después de la siembra, oportunidad en la que los nutrientes (NPK y otros) pueden diluirse en el agua a utilizar.

Plante siempre durante la temporada de lluvias, por supuesto. Si las matas están cerca de cursos de agua, no habrá que preocuparse por el riego. En otros casos, un remolque de agua soluciona el problema.

Una regla general para saber si el bambú se adapta al lugar es comprobar los matorrales existentes. Ya se observó que la misma especie, plantada al mismo tiempo, de la misma matriz, tuvo un desarrollo más lento cerca de un camino (suelo arcilloso muy compactado), pero creció justo en el medio de la propiedad, a una distancia de 200 metros (mayor acceso al agua de lluvia, retenida y absorbida por las ondulaciones del terreno).

Sin embargo, la pregunta principal es: ¿cuál es su propósito con esta plantación?

Definamos las respuestas en función de las dos características principales del bambú: leñoso o herbáceo, por un lado; y aglutinador o extendedor, por el otro. A partir de esta definición se debe elegir la especie más adecuada para su uso.

En general, las esparcidoras crecen más espaciadas donde cada tallo tiene mayor distancia entre sí y son útiles para el control de la erosión, ya que forman una verdadera red subterránea.

Los bambúes agrupados, por el contrario, crecen juntos formando matorrales localizados. Son buenos para el paisajismo, aportando diferentes soluciones como barreras contra el viento, barreras contra el ruido, cierres de paredes o simplemente para la contemplación.

Para paisajismo y zonas cercanas a edificios, como casas y muros, la planta herbácea es la mejor opción, ya que no invadirá zonas no deseadas, no requerirá mucha poda ni supondrá riesgo de daños si se rompen y colapsan. Bambusa textilis o bambú de jardín es la especie que necesitas.

En el caso de conservar taludes para evitar la erosión, o de setos en fincas rurales con animales, la herbácea esparcida cumplirá satisfactoriamente su cometido, ya que los rizomas formarán una red subterránea suficiente para sujetar la tierra. En este caso, cualquier invasión de ramas en áreas no deseadas debe podarse, pero incluso los caminos de tierra son demasiado duros para la propagación del bambú, y el flujo de vehículos terminará el trabajo. Asimismo, los brotes de bambú que están al alcance del ganado no durarán mucho. Phyllostachys aurea (Caña india) o Bambusa Tuldoides (Taquara) es la solución.

Para la construcción civil, tableros y paneles laminados y encolados y pasillos de bambú en carreteras, será necesario utilizar bambúes leñosos y aglutinados, como Dendrocalamus Asper y Guadua Angustifolia. Este tipo de bambú debe plantarse a una distancia mínima de 5 m y al menos a 10 metros de postes de electricidad, tanques de agua o edificios.

Otra opción para la construcción civil es el Bambú Mossô (Phyllostachys Pubescens), pero se trata de un bambú leñoso que se extiende. Es más fácil de cosechar, ya que sus culmos están más separados, pero si no hay contención y una poda constante, este cultivo puede apoderarse de su propiedad en 10 a 15 años.

Finalmente, para biomasa, las más adecuadas son B. Oldhamii y D. Strictus, también consideradas leñosas y aglutinador, pero de menor tamaño que Asper y Guadua.

La mayoría de especies son aptas para producir brotes comestibles, excepto el género Guadua, que es muy amarga (ni siquiera a los gorgojos les gusta mucho). La especie recomendada en este caso es D. Latiforus.

"Porque así como el cuerpo es uno con muchos miembros, y todos los miembros del cuerpo, aunque muchos, forman un solo cuerpo, así también Cristo". 1 Corintios 12, 12. Haz buen uso del bambú, úsalo donde tenga mayor potencial.

4. SIEMBRA, MÉTODOS ADECUADOS

Me imagino que antes de ir a plantar bambú, ya habrás elegido el lugar adecuado. Si no, vale la pena volver al capítulo anterior.

Las dos formas principales de plantar bambú son las plántulas y las semillas. Os advierto desde ya que no es fácil encontrar semillas de buena calidad en el mercado, porque el bambú puede tardar hasta 120 años en producir flores y soltar semillas, según la especie. Entonces, si las semillas están secas, todos tus esfuerzos serán en vano.

Detalle importante: si la mata de bambú florece, es señal de que la planta está al final de su ciclo de vida, así que prepárate para replantar.

La mejor manera de obtener una plántula de bambú es tomar un rizoma entero de la planta y replantarlo. En especies herbáceas es muy fácil, planta en una maceta con tierra adecuada y rega todos los días hasta que aparezcan los brotes. Cuando las plántulas tengan al menos 50 cm de altura, podrás plantarlas en su ubicación definitiva.

En cualquier caso, será necesario limpiar el resto de plantas de la zona, especialmente las demás gramíneas. En un año el bambú dará sombra e impedirá que nazcan otros.

Para el bambú agrupado también se pueden plantar esquejes, ya que la planta tiene una muy buena capacidad de regeneración. En este caso, es posible plantar directamente en el suelo, si es durante la época de lluvias. La planta no debe tener más de un año y plantarse el mismo día en que fue cortada.

Son suficientes trozos de bambú de 40 a 50 cm, y puedes plantarlos en vertical (si necesitas que crezcan rápidamente, en caso de paisajismo o pasillos de bambú) u horizontal (si el objetivo es contener la erosión). Corta las ramas en el primer nodo.

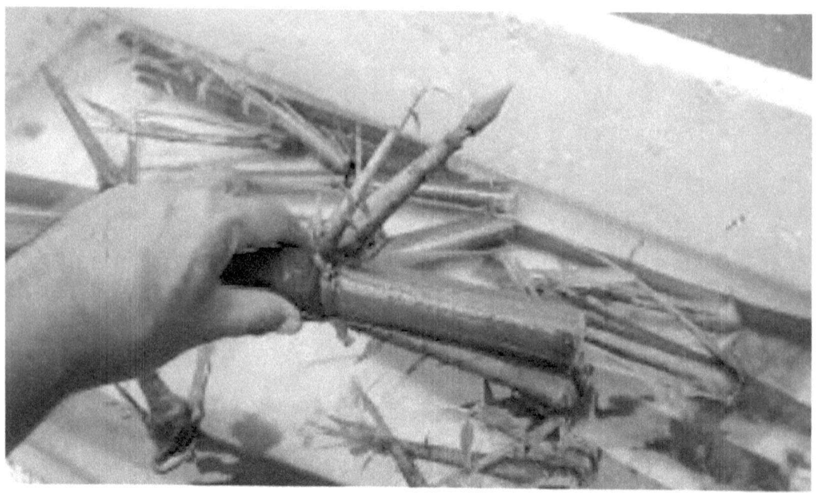

En el caso del bambú leñoso, también es posible plantar matas incluso antes de la temporada de lluvias, como Guadua Angustifolia y Dendrocalamus Asper, utilizando el método de la copa.

Corta trozos de 40 cm de las partes más gruesas del bambú y confirma que los nodos todavía tengan al menos una yema intacta (las hormigas y las termitas tienden a alojarse en el bambú precisamente a través de la yema).

Llena el bambú con agua y cúbrelo con cinta adhesiva. No utilices cintas de plástico, la intención es que la cinta se biodegrade en unos meses. Asimismo, planta en vertical para un mayor crecimiento vertical, y en horizontal (haz un agujero del tamaño de un pulgar para poder llenarlo con agua, y luego tapa con cinta adhesiva), para un crecimiento horizontal más rápido.

Al plantar, colocar NPK 4 – 14 – 8 en el suelo, en el fondo del hoyo donde irá la plántula (nunca dentro del bambú), preferiblemente mezclado con agua para facilitar la adsorción (fijación al suelo). El primer año puedes poner NPK 10 – 10 – 10 en la tierra, pero no en los brotes. Siempre que sea posible, mezcle fertilizante con agua.

Para crear pasillos de bambú gruesos, es necesario plantarlos a una distancia de cinco metros entre los grupos, haciendo una triangulación para que los bambúes en la parte inferior cierren el espacio entre los grupos. A partir de este espacio calculas el ancho que tendrá tu pasillo.

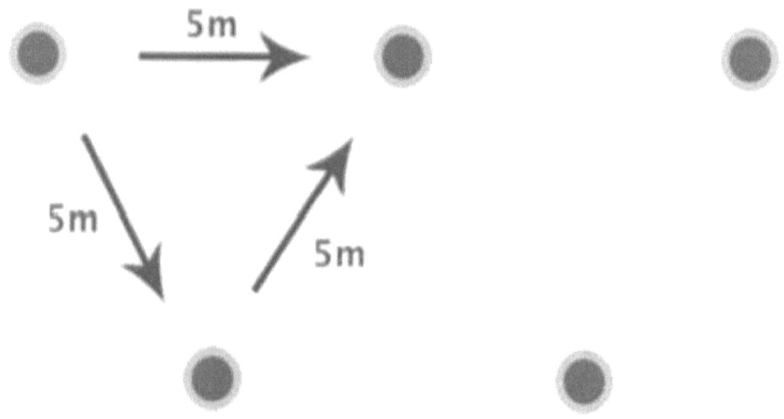

En plantaciones comerciales (Guadua y Asper, por ejemplo), razona que cada mata ocupará un área de 5 x 8 m (40 m^2), por lo que la mata queda en un espacio de 5 x 5 m y mantiene un espacio de 3 m de ancho por el paso de un tractor para recoger el bambú cortado. Después de diez años, cuando el lugar esté invadido por matas de bambú, necesitarás este espacio libre.

Último consejo: no importa quién planta o quién riega, sino Dios, quien lo hace crecer (1 Cor 3, 7). Si alguna de las plantas no prospera, sigue intentándolo con fe y esperanza, porque el Señor te recompensará por tu trabajo, ya que somos colaboradores de Dios, y Su Cultivo es nuestro corazón.

5. COSECHA, MÉTODO Y TIEMPO APROPIADO

Este es el aspecto más crítico para el éxito de su proyecto de bambú. Muchas personas se dan por vencidas precisamente porque carecen de conocimientos básicos en esta etapa.

Antes de continuar, presentaré a continuación el terror de todo aquel que se atreva a trabajar con el bambú, el picudo (*Dinoderus Minutus*) o barrenador del bambú:

Este insecto de 2,5 mm tiene hábitos diferentes a las termitas y las hormigas, ya que no forma colonias, que podemos identificar y neutralizar. El gorgojo se propaga y se reproduce sin matriz ("reina"), por lo que los bambúes susceptibles albergan los huevos del insecto, y cuando eclosionan, ocupan nuevos bambúes, destruyendo un edificio en unos meses, dejando solo la corteza del bambú, completamente perforada.

En definitiva, no es posible combatir esta plaga, hay que evitarla. De nada sirve utilizar veneno, barniz, aceite quemado o cualquier otro producto, perderás tiempo y dinero. Sin embargo, tenga en cuenta que es fácil evitar la contaminación, siempre que planifique y trabaje en consecuencia.

Para evitar este aburrido taladro, debes seguir uno o más de los siguientes pasos:

Siempre que sea posible, cosechar bambú durante la luna menguante de los meses sin la letra R (mayo, junio, julio, agosto, válido para el hemisferio sur), porque es durante este período que la planta almacena la mayor parte de su savia (agua con azúcares disueltos, un manjar que gusta a todo bicho) en sus rizomas, para poder echar nuevos brotes en primavera.

Este sencillo cuidado le dará al bambú una vida útil de hasta cinco años, un poco más si le aplicas un buen barniz (más barato) y un stain impermeabilizante (más caro). Si tu intención no es comercial ni construir casas y grandes proyectos, ya es un buen tamaño.

Esta solución requerirá que coseche bambú sólo durante cuatro semanas específicas del año, según el calendario solar y lunar. Si es solo para limpiar el macizo, o si logras armar un grupo con motosierras, es posible cosechar mucho bambú (en el caso del bambú leñoso, un equipo de 5 personas experimentadas, con motosierra y cuerdas y un mucha salud y resistencia, puede soportar de 5 a 7 grupos por día.

Las herramientas utilizadas definirán si eres un aventurero, aficionado o profesional. Un bufón puede cortar bambú leñoso sólo con un machete, pero es común en este caso que la parte inferior presente grietas (precisamente la parte más gruesa y valiosa). Además, todo el tocón de bambú quedará marcado, lo que podría perjudicar el desarrollo de la mata.

El cultivador de bambú más preparado también utilizará una sierra de tiburón, una motosierra y una cuerda.

Esta sierra entra fácilmente entre los postes de bambú, permitiendo un movimiento más rápido y enérgico, algo imposible sólo con un machete, cuando el bambú está amontonado.

El cortador de bambú profesional utilizará todas las herramientas (la motosierra se puede atascar en el bambú, tendrás que seguir cortando con las demás), además de los EPI imprescindibles para tus ojos, manos y oídos (los palos de bambú pueden perforarte los ojos). , cortarse o meterse las manos, sobre todo en las grietas, y la motosierra de gasolina hace mucho ruido). Los pies también necesitan protección contra los animales venenosos. Los EPI cuestan poco, la atención sanitaria cuesta mucho más.

El colmo de bambú debe cortarse adecuadamente justo encima del primer nodo, sin dejar espacio para que se acumule agua (de lo contrario, el tocón se pudrirá y dañará los rizomas). Este es un problema común con el bambú leñoso; un poco de cuidado puede evitar daños mayores. Para el bambú leñoso, haga un nodo de cerdo con la cuerda para tirar del bambú.

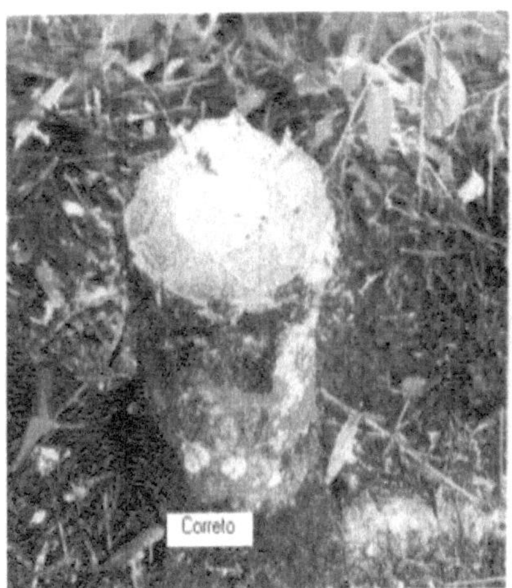

Coseche únicamente bambú maduro, es decir, entre 5 y 7 años. Es fácil de identificar, perdieron sus vainas y empezaron a formar líquenes. Estos indicadores muestran que el bambú ya está bien formado.

Detalle importante: después de 7 años el bambú se secará y morirá de forma natural. Por ello, es necesario podar los tallos más viejos anualmente (manejo sostenible), de lo contrario al cabo de 10 años el arbusto se afeará y los nuevos brotes no tendrán espacio para desarrollarse bien.

Vainas de bambú

Líquenes

Matorrales de bambú no gestionados

Brote subdesarrollado

Último detalle: una vez cosechadas, comienza el periodo de 12 horas para el tratamiento químico o con fuego, que veremos en el siguiente capítulo. Después de este período, las células del bambú (parénquima) se cierran y la savia del interior del bambú se transforma en almidón (una delicia para los gorgojos).

Por lo tanto, si vas a cosechar y tratar bambú, planifica cuidadosamente cuánto podrás tratar, para no perder tu servicio y dañar tu plantación. Si las condiciones naturales son favorables (luna menguante en meses sin R), tu trabajo no se perderá por completo.

Sin embargo, si la propuesta es precisamente extraer el máximo de savia del bambú para la elaboración de cosméticos y productos de limpieza, puedes ignorar las recomendaciones anteriores y triturar los bambúes así que cosecharlos.

"¡Cuán grande es la cosecha que viene de tu bondad!" Salmos 65 (66), 11. Trabaja como si todo dependiera de ti, y ora como si todo dependiera de Dios (San Agustín).

6. TRATAMIENTO QUÍMICO O CON FUEGO

El tratamiento con bambú cambia las reglas del juego para cualquier proyecto que emprenda, ya que las varillas durarán entre 15 y 20 años. Todo el trabajo realizado en esta etapa multiplicará tu ganancia en etapas posteriores.

Se puede tratar el bambú aunque no haya sido cosechado en el momento adecuado (luna menguante en los meses de mayo a agosto), pero la facilidad para realizar el tratamiento químico es evidente durante este período, incluso sin tener en cuenta el calendario lunar.

En definitiva, puedes organizar tu emprendimiento para concentrar esfuerzos en la recolección y procesamiento en estos cuatro meses, dejando otros trabajos para el resto del año. En varillas cosechadas en otras épocas, basta con aumentar la concentración del producto utilizado para obtener resultados similares.

El tratamiento adecuado depende del tipo de bambú con el que se esté trabajando: para los bambúes herbáceos, basta pasar por el fuego. Puedes utilizar un fuego de suelo, un horno o un soplete. Es entonces cuando se producen explosiones, por lo que se debe realizar el procedimiento al aire libre, utilizando guantes y gafas protectoras. Avanza en dirección a las fibras de bambú hasta que adquiera un color amarillo oscuro, sin quemarse. Utiliza el líquido que sale del bambú para esparcirlo sobre la corteza, ello ayudará con la protección.

Los bambúes leñosos, que son mucho más gruesos, necesitan someterse a un tratamiento químico. Puedes calentar el bambú hasta que hierva, saldrán burbujas de aire con la savia, pero aún así no será suficiente.

Un buen horno puede secar toda la savia, pero si la temperatura del bambú supera los 90° C perderá sus propiedades mecánicas, es decir, ya no servirá para la construcción, sólo para carbón y leña.

La buena noticia es que, a diferencia del eucalipto, por ejemplo, el tratamiento químico del bambú es mucho más sencillo, no requiere grandes inversiones en herramientas y es mucho más seguro, porque no se utiliza arsénico (lamentablemente en este caso no hay riesgo de explosión, lo que le quita toda la diversión a la actividad).

Corta los palitos al tamaño que deseas utilizar, según la imagen de abajo.

D/E
—
C
— —
B
— —
A
— —

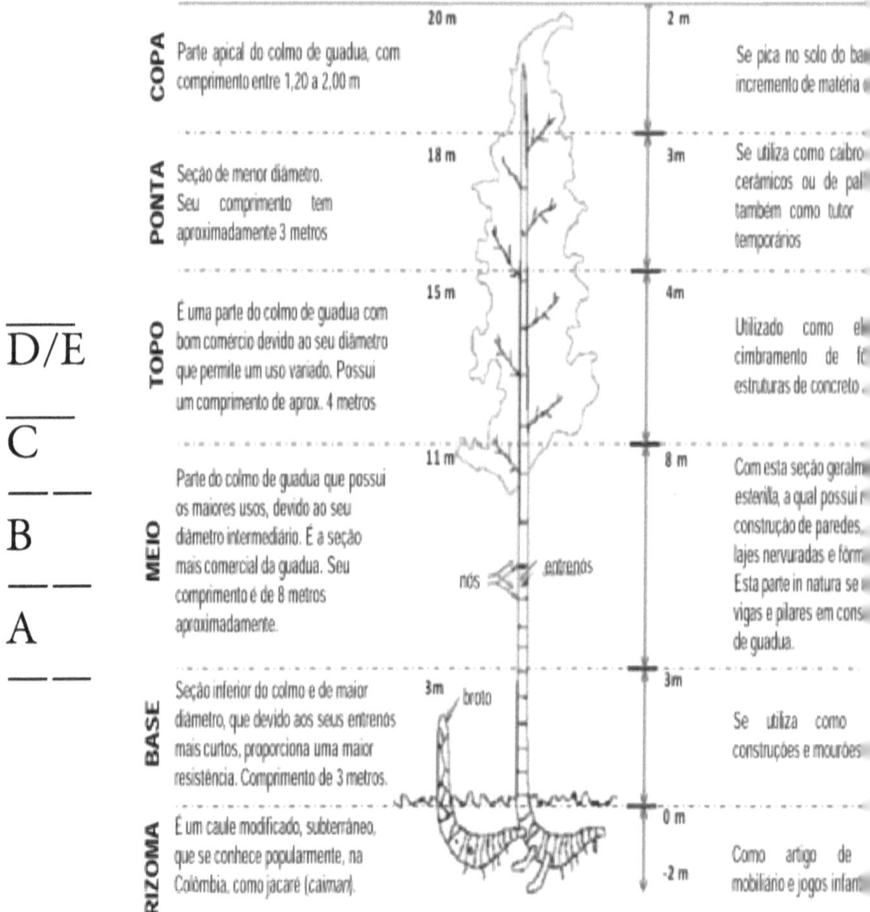

Podemos clasificar los bambúes para uso en construcción en tres tipos: A, B y C. El tipo D tiene el mismo grosor que los herbáceos, no son aptos para la construcción (como máximo para hacer dos conexiones de los bambúes tipo C). El tipo E es la rama de bambú, no recibe tratamiento químico (sólo es útil en la supervivencia, el llamado "tornillo de la selva").

De esta manera, después de cosechar el bambú, separe el tipo A (de 3 a 3,5 m del culmo), el tipo B (de 6 a 9 m del final del tipo A) y el tipo C (de 3 a 6 m del final del tipo B) y tratar cada uno como un todo.

Los postes tipo A pueden recibir una solución más concentrada para asegurar el éxito del tratamiento, pero no es en absoluto necesario.

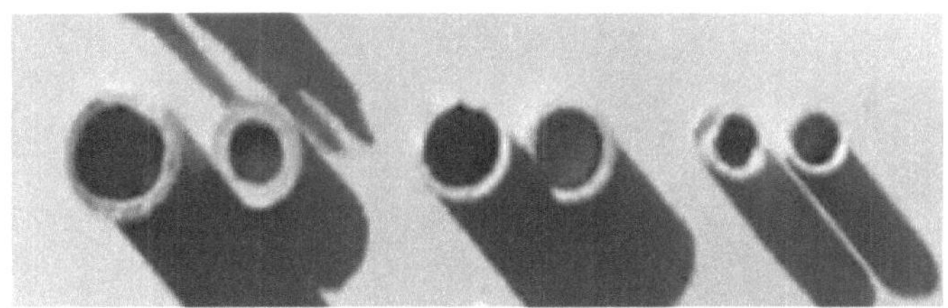

Bambus A, B e C

Para tratar el bambú leñoso se pueden utilizar varios productos químicos, ya que el principio es el mismo: la savia del bambú es una base (pH entre 7 y 14) que debe ser neutralizada mediante un ácido (pH entre 0 y 7). Incluso si el barrenador intenta consumir bambú con un pH ácido (como hacen a veces), será eliminado en poco tiempo.

El ácido más común en nuestra vida diaria es la sal de mesa, el cloruro de sodio (NaCl), y se ha utilizado para tratar el bambú con buenos resultados. Sin embargo, lo ideal es utilizar bórax ($Na_2B_4O_7 \cdot 10H_2O$), también conocido como borato de sodio o tetraborato de sodio, es un mineral alcalino derivado de la mezcla de una sal hidratada de sodio y ácido bórico, fácilmente soluble en agua. El bórax es un insecticida natural, lo que significa que eliminará los insectos presentes en el bambú y evitará que otros se instalen en los palos.

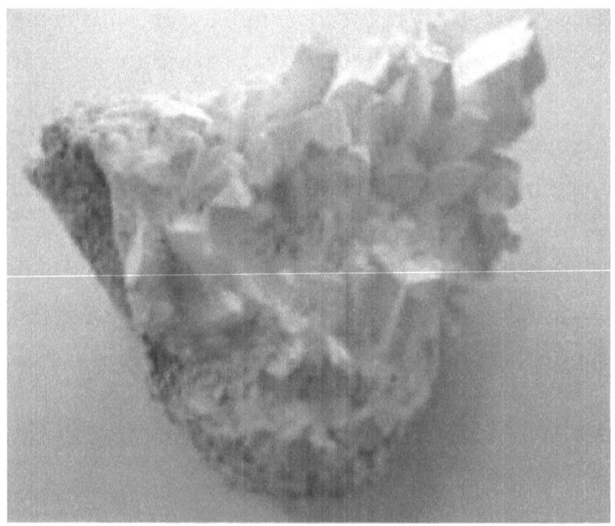

Otros productos como el CCA (cobre, cromo, arsénico) también pueden funcionar, pero son altamente tóxicos, mientras que el bórax es sólo 1,5 veces más tóxico que la sal de mesa, que comemos todos los días y que sólo es dañina si se ingiere en exceso. No vale la pena.

Desde el punto de vista económico, da igual utilizar un 10% de sal de mesa (10 kg de producto en 100 L de agua) que utilizar un 1% de bórax (1 kg diluido en 100 L), por lo que siempre que sea posible utilice el producto adecuado, sobre todo si la intención es comercializar las cañas.

Para que el producto penetre en el interior de las varillas será necesario realizar agujeros en ellas, y en este punto surgen dos alternativas: perforar los entrenodos con una barra de hierro (3/8" es suficiente), soldar una tuerca y una arandela hasta el extremo de la barra de hierro para agrandar los orificios del diafragma y permitir un llenado rápido con la solución conservante.

Si utilizas un taladro o martillo potente para golpear la barra de hierro dentro del bambú, tu trabajo será mucho más rápido, solo toma las precauciones necesarias para evitar accidentes, y el bambú debe quedar bien fijado.

Otra opción es hacer un agujero de 1/2" en cada entrenodo, para poder llenarlo con la solución. En este caso, tapa los agujeros con cinta adhesiva o incluso cinta plastica (cualquier cosa que quede bien tapados los agujeros).

Si la propuesta es rellenar los bambúes con mortero o espuma expandible, los huecos ya están listos para ser rellenados posteriormente, lo que facilitará tu trabajo.

Si no tienes tambores y máquina de soldar (además de un buen soldador), y necesitas que la parte externa del bambú esté bien conservada, la alternativa es hacer los agujeros con una barra de hierro, pero dejar intacto el último diafragma. De esta forma puedes dejar los bambúes en pie, bien atados, rellenar con la solución conservante mediante un embudo y tapar con cinta adhesiva.

Para evitar errores, utiliza una barra de hierro 40 cm más pequeña que el tamaño del palo, y corta siempre las piezas cerca del nodo. Por ejemplo, para un bambú de 3,2 m, utilice una barra de hierro de 2,8 m. Los palos con el producto son muy pesados, busque un lugar adecuado para mantener los bambúes seguros durante el período de tratamiento. Realiza un andamio de bambú (aún sin estar tratado) para facilitar tu servicio y garantizar la seguridad de la actividad.

Después de perforar, los bambúes deben sumergirse en la solución conservante o llenarse con ella. Para la inmersión, los bambúes se pueden colocar en horizontal (la gran mayoría de las personas que trabajan con bambú lo hacen) o en vertical.

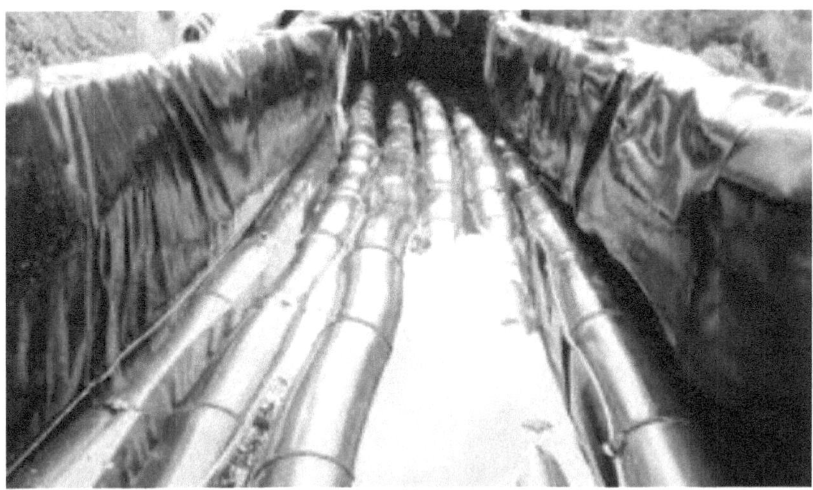

La ventaja de dejar los palos en posición vertical es la garantía de que toda la superficie interior del bambú entre en contacto con la solución conservante. Si se forma una burbuja de aire en el interior del bambú, el tratamiento será parcial (la corteza del bambú no deja pasar el producto con la misma intensidad que la parte interior, al tener más fibras y menos parénquima), y sólo descubrirás el fallo después de unos meses, cuando su proyecto esté completo).

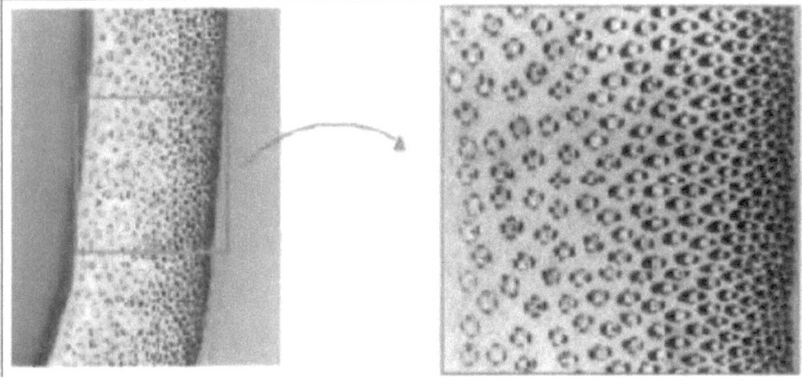

Pared de bambú, fibras en color oscuro y parénquima en color claro.

Si tu intención es cortar el bambú en trozos de hasta 80 cm, puedes cortarlo inmediatamente y colocarlo en los bidones con la solución, dejándolo bien tapado.

El proceso químico para tratar el bambú es muy simple: las bacterias anaeróbicas presentes en el propio bambú consumen el azúcar de la savia mediante fermentación, como en la producción de pan y vino. Por esta razón, es necesario cerrar el recipiente o sellar los bambúes si les pones la solución conservante en su interior. El químico (bórax) entrará en los bambúes a través de la presión osmótica (entra la sal y sale el azúcar).

Este proceso lleva tiempo, como cualquier fermentación que se precie. En el caso del bambú aglomerado, durante una semana dentro del tambor (inmersión) o de tres a cuatro semanas (relleno). Es posible calentar la solución para acelerar el proceso (está buena en dos o tres horas), sólo en el caso de los tambores, pero la temperatura debe mantenerse entre 80° y 90° C para que el bambú no pierda su propiedades mecánicas.

El bambú recién tratado debe secarse a la sombra durante al menos dos meses, para que se seque lentamente y no se agriete (si se agrieta, aún puedes usarlo cortado, no hay problema).

Último detalle: el tratamiento químico utiliza productos solubles en agua, es decir, si el bambú, incluso después del secado, se expone a la lluvia, los productos se irán eliminando gradualmente del bambú. Para evitar este problema, puedes impermeabilizarlo con tres productos diferentes: aceite quemado, stain y barniz.

El aceite quemado es el más barato y fácil de aplicar, pero no tendrá un buen acabado final. Para aplicarlo es necesario calentar el aceite o el bambú, lo que sea más conveniente. Para el bambú que no estará expuesto (enterrado, dentro de concreto, etc.), esta es una solución viable.

Una opción interesante para proteger el bambú que será enterrado es envolverlo con una manta impermeabilizante, evitando que la humedad del suelo pudra el bambú con el tiempo. Coloque la manta sobre el bambú hasta que esté a 40 cm del nivel del suelo para obtener mejores resultados.

aceite quemado

El barniz forma una película, el stain queda impregnado.

Bambú con barniz / Bambú con tinte / Bambú in natura

Nuestro Señor Jesucristo nos enseñó en el Sermón de la Montaña: "Vosotros sois la sal de la tierra. Pero si la sal pierde su sabor, ¿cómo podrán recuperarlo? No servirá para nada excepto para ser desechada y pisoteada por los hombres". (Mateo 5, 13-14). Si se utiliza fuego, sal y aceite para preservar el bambú de la corrupción, utiliza también tu inteligencia, tu trabajo y tus recursos para su salvación.

7. JUNTAS Y CONEXIONES

El bambú leñoso tiene propiedades mecánicas suficientes para su uso en construcción civil, cuando se eligen bien piezas con propiedades estructurales.

	Tipo C 50mm, pared 5mm	Tipo B 100mm, pared 10mm	Tipo A 150mm, pared 15mm
Flexión (kNm)	0.1	0.7	2.4
Cizallamiento (kN)	0.3	1.0	2.4
Retortijón (kN)	10	45	100

Comparativa entre pino, bambú y acero, disponible em Deutsche Bauzeitung 9/97 <https://bambus.rwth-aachen.de/eng/reports/mechanical_properties/referat2.html>:

kN/cm^2	pino	bambú	acero
compresión	4,3	6,2-9,3	14
tensión	8,9	14,8-38,4	16
flexión	6,8	7,6-27,6	14
cizallamiento	0,7	2,0	9,2

Los valores nominales anteriores consideran los materiales en su estado natural, es decir, sin tratamientos conservantes, agujeros ni rellenos. No hay duda de que una vara de bambú rellena de mortero (o incluso de espuma expansiva) tendrá mucha mayor resistencia, especialmente a la compresión.

Conviene aclarar aquí dos puntos importantes: ¿es el bambú más resistente que el acero? Sí, pero sólo las piezas estructurales, y considerando el esfuerzo de tensión y flexión, al comparar piezas de la misma masa. El acero sigue a la cabeza en términos de compresión y cizallamiento.

Resulta que la elasticidad del bambú, a diferencia del resto de materiales de la comparación, hace que su comportamiento en el momento de la rotura sea diferente, especialmente con el acero. Debido a que no tiene mucha elasticidad, una barra de metal, después de ser tensada o doblada, permanecerá en esta posición (plasticidad).

El bambú, por el contrario, volverá a su estado original (elasticidad) hasta llegar al punto de rotura, e incluso en este caso (cuando el bambú se agrieta y colapsa), las fibras permanecen juntas, permitiendo la conservación del conjunto y facilitando la reemplazo de la pieza rota.

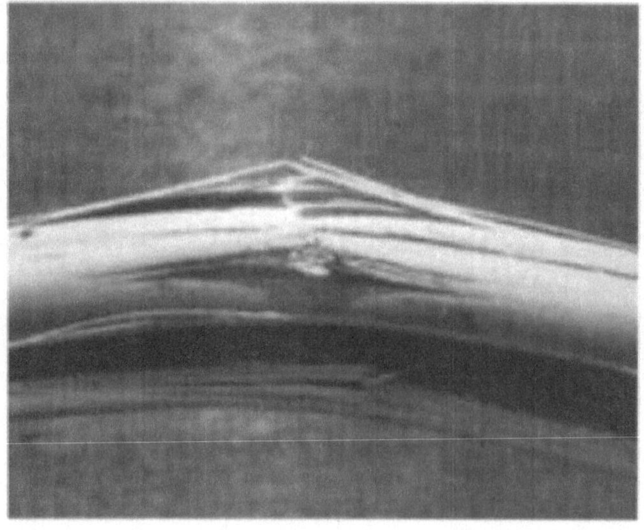

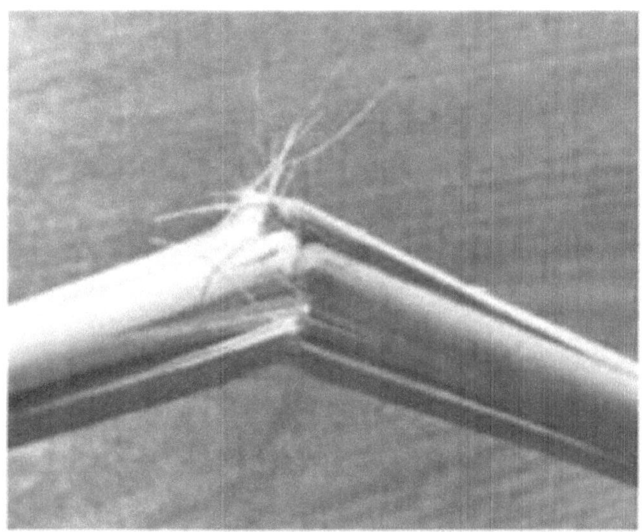

Segundo punto, si es tan bueno ¿por qué se utiliza tan poco? Por uno o más de los motivos siguientes.

La falta de conocimientos técnicos necesarios hace que las personas que se aventuran en el bambú simplemente desistan, pues aparece el pequeño polvo amarillo del gorgojo y le prenden fuego a todo, incluidos sus sueños, por desconocer los métodos de conservación.

En el pasado, la madera dura era accesible y los precios eran razonables, a diferencia de hoy, ya que hoy la tala de árboles nativos sin licencia es un delito ambiental sin fianza, y la autorización encarece bastante la actividad.

En la cultura consumista actual, es más conveniente construir o comprar una casa de hormigón armado y mampostería, aunque cueste mucho más, ya que los hábitos de la gente están muy arraigados en este sentido.

Finalmente, si una persona necesita financiamiento inmobiliario para construir su casa, las estructuras de bambú no tienen el mismo valor comercial que las casas de mampostería o de madera, por lo tanto no sirven como parte de la garantía hipotecaria.

Hoy ya existe una norma técnica específica para la construcción con bambú (en Brasil), ABNT NBR 16828-1:2020, es decir, actualmente un ingeniero o arquitecto tiene la confianza suficiente para firmar un proyecto, siempre que cumpla con los requisitos.

Estos requisitos siguen estándares internacionales que también se encuentran en los Manuales de Colombia, Perú y Ecuador, entre otros, según la Red Internacional del Bambú y el Ratán <https://www.inbar.int/>.

A continuación se detallan los modelos previstos en el Anexo A de la norma técnica, los cuales son fundamentales para que su proyecto sea un éxito.

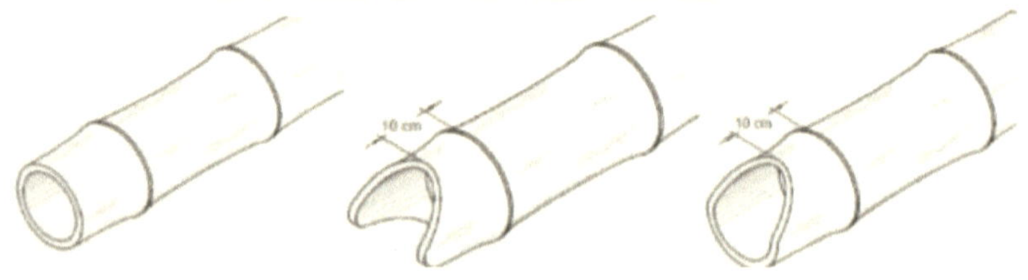

Corte recto Corte boca de pescado Corte pico flauta

Estos dos tipos de cortes se utilizan para conexiones perpendiculares o en ángulo.

Detalle importante: utilice siempre tornillos o barras roscadas con galvanizado de zinc ("cincados"), ya que el óxido de hierro (óxido) pudrirá el agujero del bambú en contacto con el material, reduciendo la vida útil de su proyecto o requiriendo reemplazo de regiones.

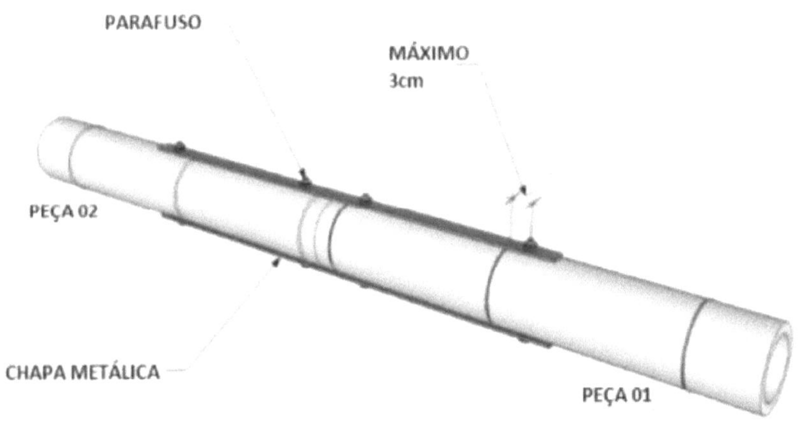

Unir dos bambúes con placas metálicas y tornillos.

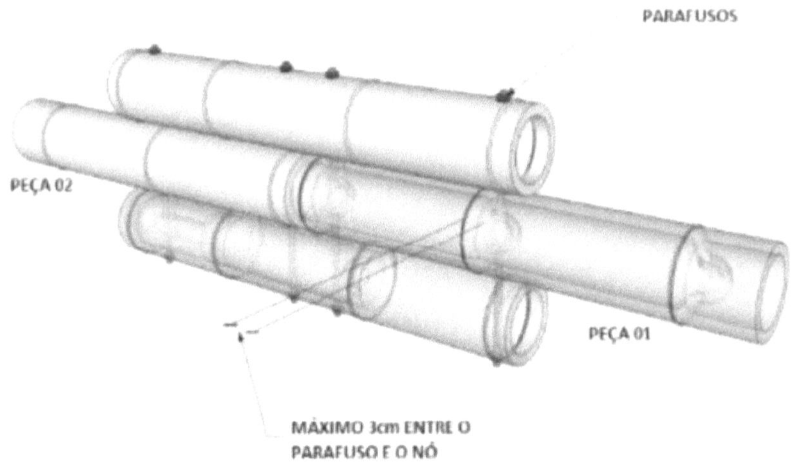

Uniendo dos bambúes con otros trozos de bambú. No utilice bambú
partido por la mitad, ya que en esta condición pierde
aproximadamente el 70% de su resistencia.

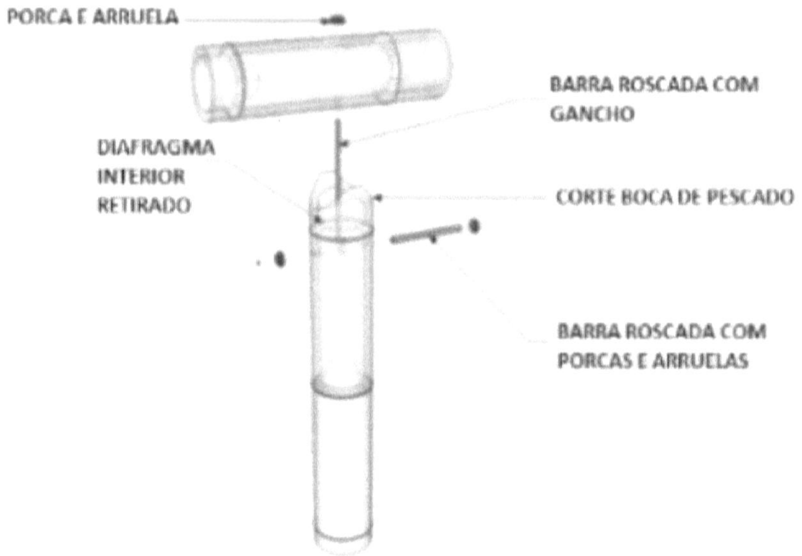

Junta perpendicular con gancho

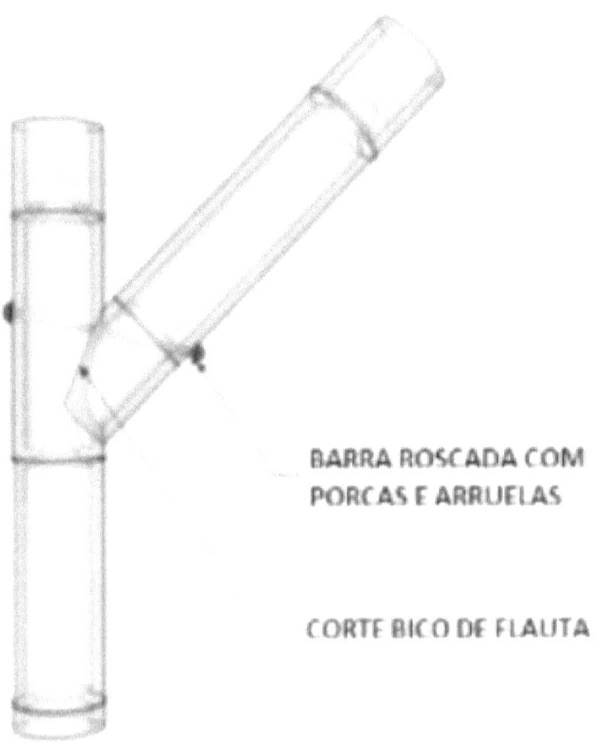

Junta de 45°, para columnas y vigas

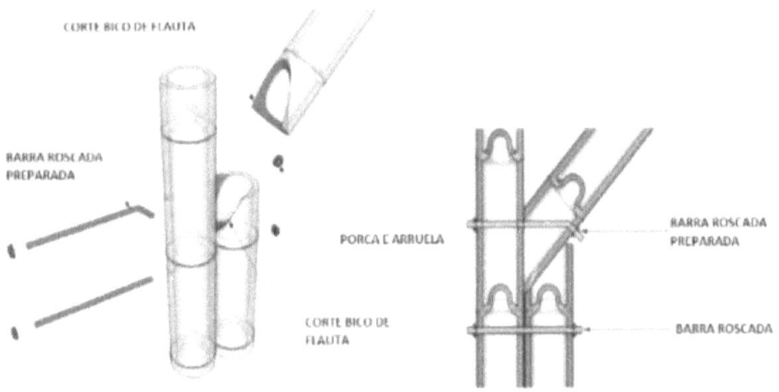

Junta reforzada de 45°

Conexión de gancho reforzada, mediante tensor de hilo y tornillo, todos de 3/8"

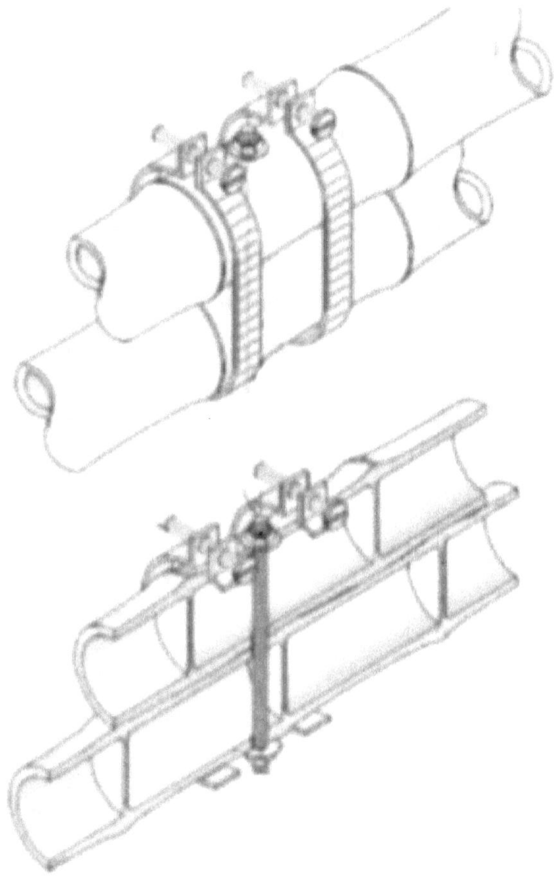

Fleje metálico (y barra roscada) para hacer columnas reforzadas

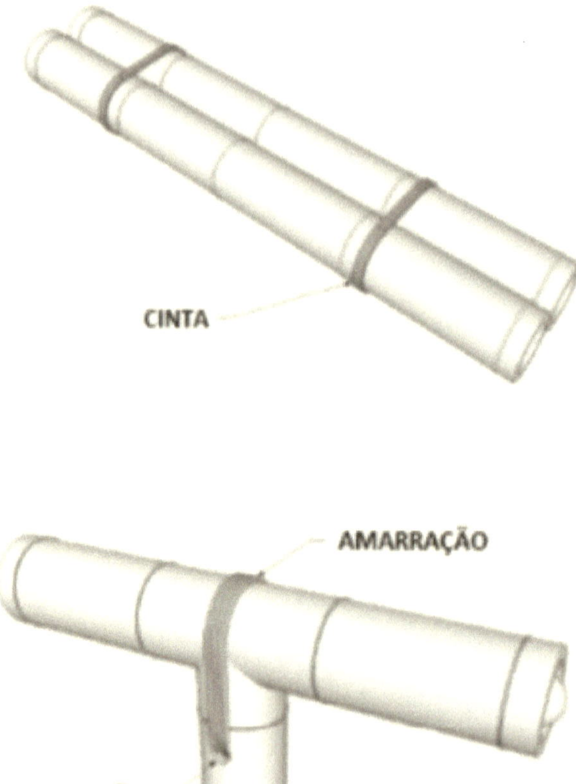

Al unir dos bambúes longitudinalmente, invierta uno de ellos (base – tapa junto con tapa – base), de esta manera se compensa la pequeña variación en el ancho de los bambúes.

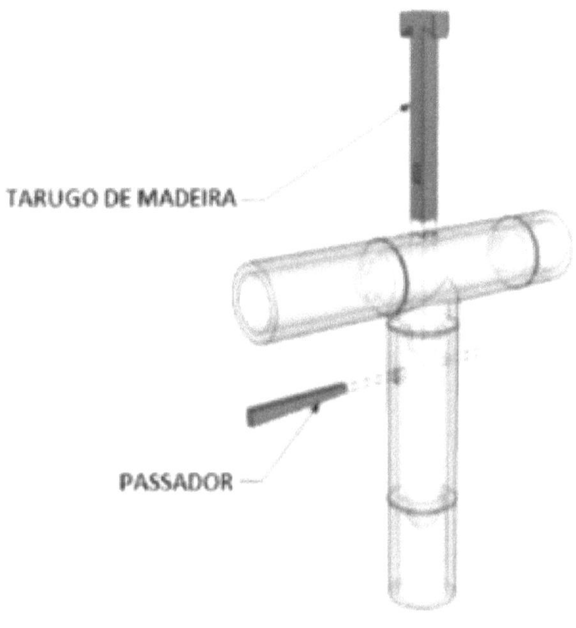

Conexión con la madera

Conexión com paracord

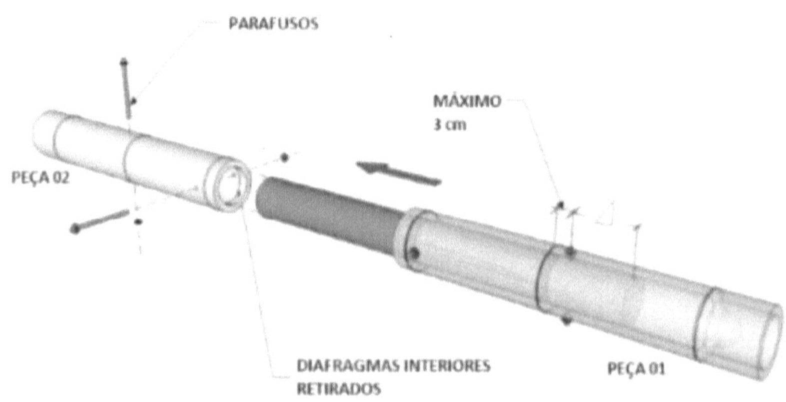

Conexión con bambú interno.

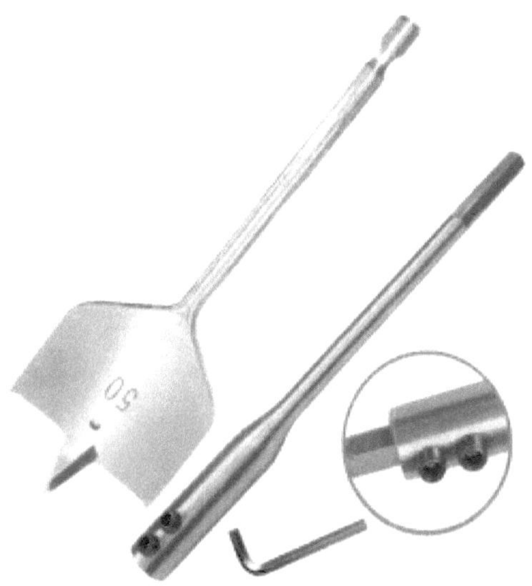

El bambú que va dentro debe tener entre 60 y 80 cm, y los nodos tienen que estar bien abiertos por dentro (utilizar un taladro plano con alargador).

Relleno con mortero o espuma expandible

Dos detalles importantes para las conexiones de bambú: recuerda siempre que no quedan perfectamente rectas y una vez secas se vuelven más resistentes a la flexión. El ancho del bambú es ligeramente mayor en la región cercana a los nodos, por lo que las conexiones paralelas no son perfectas.

Otro detalle importante es que el exceso de presión sobre el tornillo hará que el bambú se agriete (incluso el tipo A), algo obvio en teoría pero que la gente olvida en la práctica y aprieta la tuerca hasta el límite del agotamiento. Resulta que la falta de estanqueidad hará que el conjunto se afloje con el tiempo, lo que tampoco ayuda. El consejo es sencillo: ten mucha calma para no perder el trabajo por culpa de un bambú agrietado y utiliza abrazaderas, aunque sean de plástico, repartirán el esfuerzo.

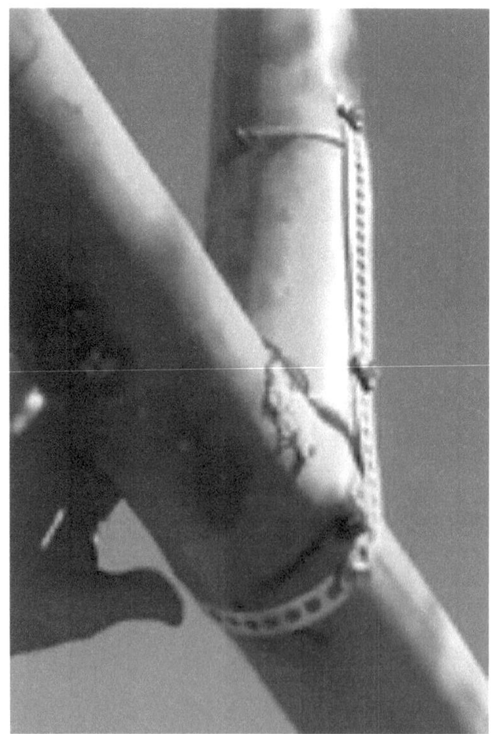

Conexión perpendicular con fleje de acero y tornillo autorroscante

Conexión longitudinal con bambú interno, tornillos y abrazadera.

Columna reforzada con viga y soporte "mano francesa", unida con chapa

Puede usar tornillos autorroscantes o perforar los agujeros y luego atornillarlos. La mayoría de las veces, si intenta pasar el tornillo directamente, el bambú se agrietará y el tornillo se soltará. Todo lo que necesitas es un destornillador y mucha práctica para solucionarlo.

Sierra de corona unida a un tubo de acero de 60 cm, para serrar los diafragmas de bambú

Taladro cónico para montaje perpendicular

Conexión con barra roscada, sin esfuerzo estructural

Recuerde a Jesús, el que "no quebrará la caña cascada ni apagará el pábilo que humea, hasta hacer triunfar la justicia" Mateo 12:20. Sé un trabajador recto, ni demasiado apretado ni demasiado relajado, tanto en tu proyecto como en tu vida.

8. BAMBÚ LAMINADO PEGADO (BLP) Y BAMBÚ CIZALLADO PEGADO (BCP)

El Bambú Laminado Pegado (BLP) es un producto muy útil hoy en día, con diversas aplicaciones en sustitución de la madera y el plástico, como utensilios del hogar, pisos y decoraciones.

El BLP, sin embargo, requiere algunas consideraciones importantes: en primer lugar, una gran parte del bambú se desperdicia para la producción de tiras, y sólo la parte más gruesa (tipo A) ofrecerá suficiente materia prima. Por tanto, el resto del bambú no se aprovecha, o se destina a otros fines de escaso valor añadido (carbón, por ejemplo), lo que no es la mejor solución en términos medioambientales y económicos.

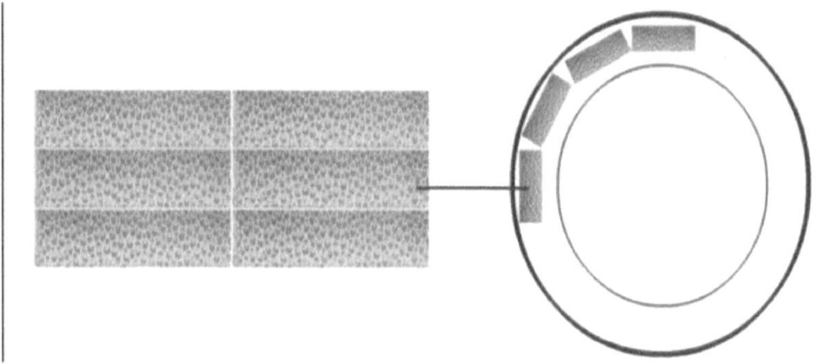

Ten en cuenta también que BLP no utiliza corteza de bambú, precisamente la parte más resistente y duradera del material. Por tanto, el BLP no es un material que pueda exponerse al sol y a la humedad, incluso con tratamiento conservante e impermeabilizante.

Además, un informe común de quienes usan BLP en utensilios domésticos, como tablas para cortar carne y aparadores de sartenes, es que el pegamento del producto no puede resistir el calor o el impacto. Las lamas se sueltan y es necesario fijar el conjunto con clips metálicos o desecharlo. Es decir, un producto caro comparado con el plástico, y si no dura igual o más simplemente no merece la pena el precio pagado.

Finalmente, quien pretenda entrar en el mercado de producción de BLP necesita realizar una gran inversión en maquinaria de producción, en un mercado muy competitivo.

           ROGERIO CIETTO

Pensando en una solución alternativa al GLB, que contemplara estas cuestiones, surgió la idea de realizar un producto más rústico y resistente, que aprovechara más el bambú y fuera más barato y fácil de producir, sin necesidad de maquinaria pesada. Se trata de Bambú Cizallado Pegado (BCP), producto patentado a favor de Bambu Vitae Associação de Produtores Rurais, CNPJ 57.214.289/0001-69 (es decir, sólo la Asociación tiene autorización para producir y comercializar este material).

Al principio, la producción de BCP es similar a la de BLP: los bambúes se cortan al tamaño deseado y luego se cortan en rodajas. Detalle importante: en este punto tienes dos caminos posibles, cortar el bambú y luego tratarlo colocándolo en un tambor, o cortar los trozos, tratarlos con un conservante y luego cortarlos en rodajas.

Si vas a cortar primero, utiliza el cuchillo estrella (un cuchillo de cuatro, seis u ocho hojas, dependiendo del ancho del bambú) y limpia los diafragmas para aprovechar al máximo el espacio del tambor. Al final, cuando esté completamente seco, pasas a la sierra de mesa.

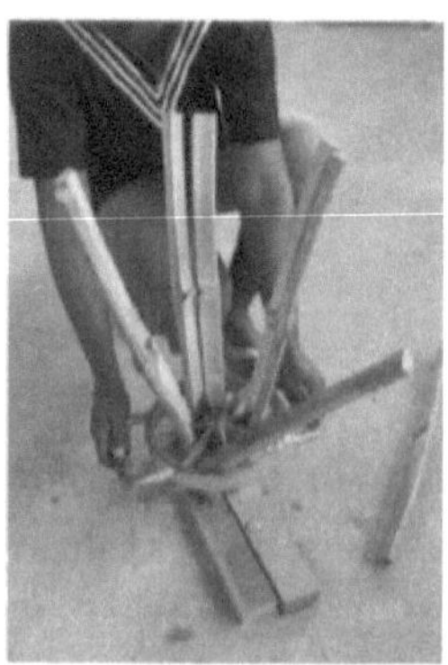

Si tratas primero (o si las varas que trataste se agrietan y quieres reutilizar), finaliza el proceso de tratamiento y luego pasa cada uno por la sierra de mesa, para formar tiras de bambú del tamaño deseado (para un bambú de 10 cm). diámetro, por ejemplo, las tiras tendrán 3,9 cm antes de alinear). No le quites la corteza.

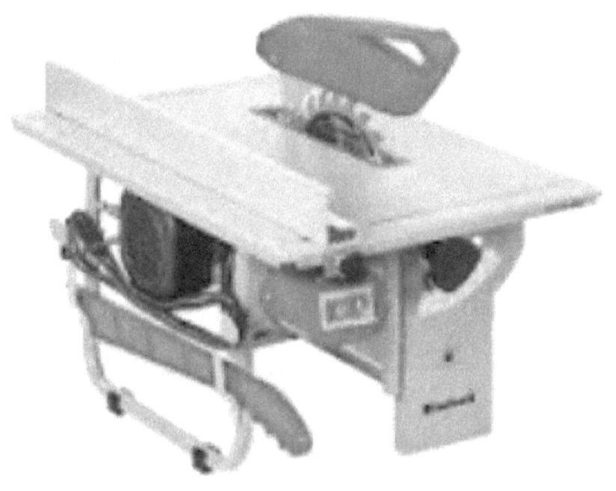

Es importante que las tiras de bambú queden lo más rectas posible, para facilitar el siguiente paso (grapado) y evitar que la espuma se escape por los huecos.

Consejo: para cortar, pasa el bambú con la corteza hacia abajo, y para quitar los bordes y que quede bien alineado, pasa el bambú con la corteza hacia arriba.

Siguiente paso: engrape las tiras para formar un tapete. Vale la pena utilizar un compresor y una grapadora para acelerar este proceso.

Las tiras de bambú se pueden hacer un poco más grandes de lo deseado, ya que al final del pegado será necesario alinear los bordes del BCP.

Utilice espuma expandible para pegar las dos esteras de bambú grapadas, de modo que el conjunto quede bien cubierto con espuma. Al pegar un tapete a otro, recuerde girarlo 90° (por ejemplo, el inferior en dirección norte-sur y el superior en dirección este-oeste). Pegue solo el interior (es decir, deje la piel de bambú afuera).

Si queda un espacio sin rellenar con la espuma expansiva, un poco de pegamento PVA será suficiente. Por otro lado, el exceso de espuma hay que retirarlo con un cuchillo.

El acabado final es el mismo: stain y barniz. Las tablas son mucho más resistentes que las BLP, porque también utilizan corteza de bambú. Se desperdicia menos materia prima, se invierte menos en productos (la espuma expansiva es mucho más barata que la cola) y el BCP es un excelente aislante térmico y acústico.

Para la construcción de casas de bambú, BCP es una excelente opción, basta montar la estructura (de bambú también, obviamente) y atornillar las placas al suelo, paredes y techo, debajo de las tejas, con tornillos de cabeza Philips de latón.

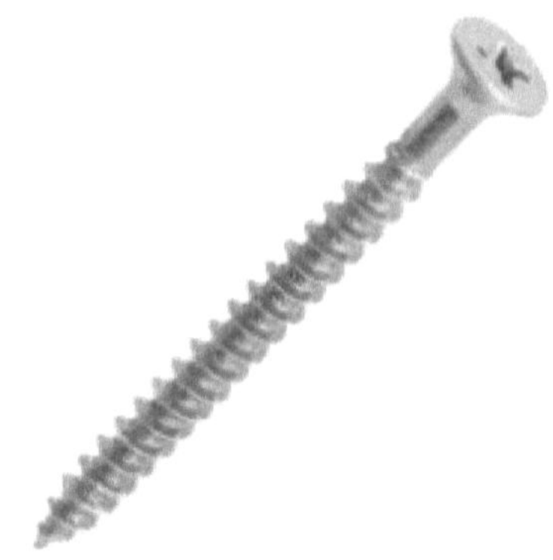

Si la pieza se utilizará en muebles o pisos, por ejemplo, y requiere un mejor acabado, aplique cinta adhesiva gruesa unas cuantas veces en los bordes y rellene la superficie con resina acrílica.

Tenga en cuenta que BCP no reemplazará a BLP, son aplicaciones muy distintas y complementarias. Pero se trata de una innovación que puede reducir el coste de una casa en un 300% (considerando mano de obra y materiales) respecto al hormigón armado y la mampostería, por ejemplo, haciéndola más agradable para el residente y el medio ambiente, además de ahorrar en consumo energético.

"Si Jehová no edifica la casa, en vano trabajan los que la edifican", Salmo 126 (127), 1. Haz de tu obra Su Obra en tu vida, y tu trabajo será recompensado.

9. LA PARÁBOLA DEL BAMBÚ

El niño corrió hacia su casa tan pronto como escuchó el trueno. Esa lluvia sería fuerte y el viento soplaba con tanta fuerza que le estiraba las mejillas. Habiendo cruzado el camino desde el arroyo hasta el cuartel general, encontró a su madre sacando ropa del tendedero y a su padre arreglando las herramientas. "¡Justo cuando terminaba de pasar el tractor por el terreno reservado para la milpa! Esta lluvia ayudará mucho a la plantación este año".

Después de cenar, el niño escuchó el silbido del viento a través de la ventana y pensó: "La naturaleza está furiosa esta noche, ¿quedará algo en pie mañana por la mañana?"

Al día siguiente, el padre advierte: el río se ha desbordado y se ha llevado el puente cerca de los bosques de bambú. "Vamos a reunir trabajadores de las granjas vecinas y construir una improvisada".

El niño sale corriendo a analizar el campo y un detalle le llamó la atención: una araucaria de más de 50 años estaba en el suelo y fue arrancada por la furia del viento. Varios árboles rotos, un barranco se deslizó y cubrió gran parte del barranco. Pero he aquí que una sección del barranco estaba intacta. En lo alto, el bosquete de bambúes, prácticamente intacto.

"Vaya, ¿cómo es que estos bambúes no fueron arrastrados por el viento y la lluvia?" Y corrió a preguntarle a su padre, imaginando que ya habría tiempo para una explicación antes del servicio.

El padre escuchó la pregunta del niño y respondió secamente: "Virtudes". Al ver que la respuesta necesitaba ser más larga para calmar la curiosidad de su hijo, acordaron que hablarían al final del día, una vez terminadas las tareas.

El niño se pasó el día imaginando cosas: "¿El bambú sirve para algo más que para hacer cometas y cañas de pescar?", "Sí, también sirve para recoger mangos, hacer una trampa... también sirve para jugar a la escopeta".

Al final del día, el padre ni siquiera necesitó llamar al niño, vino corriendo a preguntar: "Después de todo, ¿qué tiene el bambú que no fue derribado por la tormenta?"

La respuesta del padre estuvo acompañada de una sincera sonrisa. Así que se sentaron, el hombre empezó a explicar: "El bambú tiene siete virtudes, que lo diferencian de otras plantas".

"En primer lugar, el bambú no es un árbol, no fue hecho para ser majestuoso como la araucaria. El bambú es una hierba creada para ser pisada por los hombres. Al reconocer Dios la humildad de esta planta, decidió que crecería y se haría más grande que los árboles aquí en la finca. El bambú es humilde, porque sabe lo que es, una planta pisoteada por los hombres pero exaltada por Dios".

"En segundo lugar, el bambú tiene raíces muy profundas, de donde busca agua y nutrientes de la mejor calidad. No acepta cosas superficiales y pasajeras, aunque todas las demás plantas sigan la moda del momento. El bambú conoce su lugar en el mundo y por eso valora sus orígenes".

"En tercer lugar, el bambú sólo crece hacia arriba para recibir la mayor cantidad de sol posible. No compite por la luz con otras plantas, que son muy apegadas a lo bajo. El bambú conoce su propósito, que es buscar las cosas de arriba, en honor a su Creador".

"En cuarto lugar, el bambú sólo existe en grupos y, en conjunto, los palos son mucho más difíciles de romper. Si no corto algunos palos cada año, se enredan y es mucho más trabajo cosecharlos. El bambú sabe que necesita a su vecino y que su vecino también lo necesita a él".

"En quinto lugar, el bambú está vacío por dentro, por lo que es mucho más ligero. El bambú es una planta que ha renunciado a sí misma, permitiendo que su interior almacene agua, albergue a los animales y sirva para tantas cosas..."

"En sexto lugar, el bambú tiene nodos, la parte más dura. Incluso nace sabiendo cuántos nodos tendrá en la vida. Pero, en lugar de ser un problema, el bambú utiliza sus nodos para hacerse más fuerte, sin perder el vacío interior. El bambú acepta sus problemas porque sabe que el Creador los utiliza para crecer fuerte y sano".

"Séptimo y último, el bambú es flexible, cuando se encuentra con otras fuerzas mayores que él mismo, su actitud humilde lo hace doblarse, pero luego vuelve a ser lo que era antes. El bambú sabe cómo atravesar las tormentas de la vida sin hacerse daño".

Boquiabierto ante tan bella explicación, el niño tiene una idea: "Y el puente que se rompió, ¿vas a hacer otro con bambú?".

Fascinado por el ingenio del niño, el padre sonríe y dice: "¡Buena idea! Al fin y al cabo, es el único material que tenemos disponible por el momento. Pero hagámoslo con mucha sabiduría, utilizando las técnicas adecuadas, para alabar y agradecer a Dios por este regalo en nuestras vidas, en nuestra familia y en nuestra comunidad".

Esta parábola no tiene una religión específica, pero contiene una profunda espiritualidad. "¿Qué gana un hombre con todo su duro trabajo bajo el sol? Las generaciones van y vienen, pero la tierra permanece para siempre". Eclesiastés 1, 3. Vanidad de vanidades es nuestra vida en este bambusal, si no tiene un final sobrenatural.

Si está interesado en trabajar con bambú, permita que el bambú también trabaje con usted.

10. HERRAMIENTAS NECESARIAS

Si has leído atentamente este trabajo hasta ahora sabrás muy bien lo que necesitas. Si no lo has escrito, te dejaré una lista como referencia.

Perforador	Machete	Motosierra
Sierra de banco	Sierra de tiburón	Gasolina
Destornillador eléctrico	Cuerdas	Aceite 2T
Lijadora	Barra de refuerzo de 3/8"	Aceite viejo
Sierra circular	Cubo y embudo	Cadena para motosierra
Discos de Lija	Manta asfáltica	Bidón de 200 litros
Disco de sierra	Gafas protectoras	Silenciador
Compresor	Calzado de protección	Grapadora
Tornillo de latón	Disolvente	Disolvente
Tornillo autoperforante	Cepillar	Pegamento PVA
Barra roscada	Ropa protectora	Bórax
Tuercas y arandelas	Espuma expansiva	Barniz
Cinta metálica	Guantes	Stain
Chapa metalica		

Pero no es este tipo de herramientas de las que nos ocuparemos en este capítulo, sino de su principal activo e inversión, el capital humano. ¿O crees que harás todo solo?

Para organizar tu grupo de trabajo, tus relaciones comerciales y tu patrimonio con seguridad jurídica, es fundamental ante todo utilizar la forma adecuada, porque este es un tema que hay que tratar como una mata de bambú: una vez plantado, no es posible cambiar de ubicación.

El uso de asociaciones de trabajo y cooperativas para organizar la cadena de producción del bambú –desde la plantación hasta la fabricación– presenta numerosas ventajas para el desarrollo económico, social y ambiental. Este enfoque colaborativo puede transformar el sector, creando un modelo de producción sostenible y eficaz, especialmente para las diversas aplicaciones del bambú, como la construcción de viviendas, la fabricación de muebles y el desarrollo de productos como el Bambú Cizallado Pegado (BCP).

1. Fortalecer la producción a través de la unión

Las asociaciones y cooperativas permiten que los pequeños y medianos productores se organicen en conjunto, lo que facilita el acceso a recursos financieros, conocimientos técnicos e insumos necesarios para el cultivo y procesamiento del bambú. En lugar de actuar de forma aislada, los productores pueden beneficiarse al compartir maquinaria, mano de obra y tecnologías de gestión, asegurando una mayor eficiencia y escala en la producción. Esto es especialmente importante para el sector del bambú, que requiere técnicas especializadas para su cultivo, cosecha y procesamiento.

2. Economías de escala y aumento de la competitividad

Al organizarse en cooperativas, los productores obtienen ventajas que serían inaccesibles individualmente. La compra colectiva de insumos puede reducir los costos de producción, mientras que la comercialización conjunta facilita la negociación con grandes compradores y el acceso a mercados más amplios. Este modelo también permite la creación de marcas cooperativas que agregan valor al producto, resaltando las características sostenibles y ecológicas del bambú, lo que atrae a consumidores conscientes.

3. Procesar y agregar valor

La creación de cooperativas enfocadas al procesamiento y fabricación del bambú permite agregar valor al producto. Procesar el bambú en diferentes formas –como en la producción de casas, muebles o productos de bambú como el bambú cizallado pegado– requiere infraestructura y tecnología que a menudo son inviables para los productores individuales. Las cooperativas permiten la construcción de fábricas y talleres compartidos, permitiendo el procesamiento local y la creación de nuevos productos con mayor valor agregado. Esto crea empleos, aumenta los ingresos y diversifica la economía regional.

4. Sostenibilidad ambiental

El bambú es una planta renovable de rápido crecimiento y bajo impacto ambiental, lo que la convierte en una excelente alternativa sostenible para diversos sectores, como la construcción y la industria de muebles. Las cooperativas enfocadas en prácticas sustentables pueden implementar técnicas de manejo que protejan el medio ambiente, asegurando la explotación responsable y duradera del bambú. La organización en cooperativas también favorece la certificación de origen y las prácticas sostenibles, algo valorado en el mercado actual. De esta manera, todos los miembros pueden utilizar el mismo certificado.

5. Desarrollo regional y creación de empleo

Las cooperativas de trabajadores en el sector del bambú pueden impulsar el desarrollo regional creando oportunidades de empleo en áreas rurales y urbanas. Desde el cultivo hasta la fabricación, la cadena de producción del bambú requiere mano de obra en varias etapas, desde agricultores hasta artesanos y trabajadores. Esto fortalece las economías locales, reduce la migración a los grandes centros y fomenta el desarrollo sostenible en áreas donde el monocultivo y el desempleo son problemas crónicos.

6. Innovación e intercambio de conocimientos

Dentro de una cooperativa, el conocimiento se comparte de manera más efectiva. Esto permite el intercambio de experiencias sobre técnicas innovadoras de siembra, cosecha y procesamiento del bambú, así como nuevos usos de la materia prima. El sector de la construcción con bambú, por ejemplo, todavía está en expansión y el desarrollo de nuevas técnicas y tecnologías puede acelerarse mediante la cooperación entre los miembros de la cadena de producción.

7. Impacto social

Las cooperativas desempeñan un papel importante en la promoción de la inclusión social, especialmente en zonas donde predomina la agricultura familiar. Al unirse en cooperativas, los trabajadores pueden superar desafíos como el acceso limitado a los mercados y la vulnerabilidad económica. El modelo cooperativo también ofrece mayor seguridad laboral y mejores condiciones de negociación, favoreciendo el bienestar de los trabajadores involucrados.

Las principales diferencias entre asociaciones y cooperativas son (se cita la ley brasileña):

Asociaciones

No son empresas, sino reuniones de personas con fines no económicos (art. 53, CC)

Los socios no son propietarios, los activos se componen de donaciones y subvenciones.

Sin participación en los beneficios

No pagan Impuestos sobre la Renta ni Contribuciones, y pueden estar exentos de impuestos sobre la propiedad de la tierra.

Pueden ser declarados de interés público y recibir recursos financieros del gobierno.

Los trabajadores están sujetos a la legislación laboral y de seguridad social.

Mínimo de 7 personas.

Los herederos no asumen nada a la muerte del socio.

Cooperativas

Son empresas (fines económicos), con distribución proporcional de resultados (art. 1.094, VII, CC)

Los socios de la cooperativa tienen participación en el capital social (acciones)

Se podrá distribuir saldo positivo proveniente de relaciones comerciales, hasta el 12% de la cuota anual

El acto cooperativo no está gravado (sin IVA ni impuestos relacionados con el comercio)

Pueden afiliarse a otras cooperativas y obtener crédito específico.

Los trabajadores son cooperativistas (sin cotizaciones a la Seguridad Social)

Mínimo de 7 personas (trabajo) o 20 personas (vivienda)

Los herederos son aceptados en la cooperativa o son compensados por su parte.

La principal protección jurídica de estas instituciones del tercer sector, como Asociaciones y Cooperativas, está en la Constitución Federal de Brasil:

"Arte. 5, XVIII - la creación de asociaciones y, conforme a la ley, la de cooperativas no depende de autorización, y está prohibida la injerencia del Estado en su funcionamiento;"

Las asociaciones y cooperativas deben entenderse dentro de un sistema llamado Economía Democrática, en el que los propios trabajadores eligen periódicamente a sus patrones y representantes, y se organizan mediante consenso, desde objetivos sociales y retributivos hasta la inclusión y exclusión de socios o cooperativistas. Mire este vídeo para obtener más información: <https://www.youtube.com/watch?v=V3-byyH4eiU>.

En definitiva, para tratar con autoridades públicas la mejor opción es la asociación, ya sea de forma activa (transferencia de recursos, legislación local favorable) o pasiva (exención de impuestos), así como con terceros (en el caso de productores que sólo están interesados en crédito de carbono o certificación ambiental).

Sin embargo, para el trabajador rural (artesano del bambú) es mucho más negocio ser cooperativo, porque la nómina está exenta y sus productos pueden venderse a la cooperativa sin impuestos (art. 79, Ley 5.764/71). Asimismo, no están sujetos al Tribunal Laboral, sino al Tribunal Común, como los proveedores de servicios, por ejemplo.

Por lo tanto, si puedes encontrar media docena de otras personas con el mismo interés que tú en trabajar en alguna etapa de la cadena productiva del bambú, comienza primero con una asociación (especialmente si aún no tienes una propiedad rural). A partir de ahí, empieza a reunir los medios necesarios para obtener recursos:

- buscar propietarios rurales que tengan matas de bambú y pedirles que retiren algunos palos (la mayoría se los proporcionarán sin coste alguno) y los traten en el lugar;

- buscar que el gobierno local obtenga la cesión de uso de alguna superficie para fabricar (aunque no haya nada, utilizar el bambú para hacer lo que sea necesario);

- busque instituciones de desarrollo nacionales e internacionales ($$$) que quieran subsidiar proyectos de recuperación de áreas degradadas, y presente su proyecto;

- buscar tiendas locales de materiales de construcción para dejar sus productos a la venta (además del comercio online);

- convencer tanto a las autoridades públicas como a los propietarios rurales para que promuevan prácticas sostenibles con el bambú, como la plantación de matas que sirvan de cortavientos en las carreteras (de esta forma se tendrá fácil acceso a las materias primas) y la obtención de créditos de carbono (la contraprestación del propietario de la tierra).

Cuando su negocio esté consolidado, los trabajadores deberán organizarse en una cooperativa de trabajo, y la asociación será el principal accionista de la cooperativa. Es decir, cabeza de una asociación con cuerpo de cooperativa.

La propiedad rural adquirida debe estar a nombre de la asociación (el condado o el gobierno federal puede eximirla de impuestos sobre la propiedad de la tierra), y la cooperativa traspasa el valor del arrendamiento a su principal accionista. Todos los trabajadores rurales del bambú, a su vez, deben ser accionistas de la cooperativa de trabajo.

El comercio de productos debe realizarse en nombre de la asociación (no hay forma de eludir impuestos en este caso, ya que el producto saldrá del ámbito de la cooperativa), excepto los productos que consumirán los propios socios, y también las ventas a otras cooperativas.

La asociación sigue representando a los propietarios rurales para la transferencia de créditos de carbono (para ser económicamente viable es necesario tener un proyecto aprobado que involucre al menos 500 hectáreas de tierra degradada, o 1000 hectáreas de tierra en general), y este proyecto debe ser sostenible en términos económicos, sociales y medioambientales.

Una vez establecida la cadena productiva del bambú, se pueden iniciar otras cooperativas dentro de la misma federación (y la asociación como principal accionista), como una cooperativa de viviendas para la construcción de casas de bambú, una cooperativa de artesanos del mueble, según la apertura de el mercado.

La organización de la cadena productiva del bambú a través de asociaciones de trabajo y cooperativas es una estrategia eficaz para promover el desarrollo social y económico sostenible. Al unir esfuerzos, los pequeños y medianos productores pueden acceder a mercados, agregar valor al producto, generar empleo e ingresos, y también contribuir a la preservación del medio ambiente. El bambú, con sus innumerables aplicaciones, podría ser la clave para un futuro más verde, y las cooperativas son el vehículo ideal para que este potencial se realice plenamente.

Este modelo organizativo, con una asociación y una o más cooperativas subordinadas (cosecha y tratamiento, manufactura, vivienda), no funcionará en todos los modelos de negocio, sólo con productos de zonas rurales que puedan agregar valor y otros negocios adicionales.

Puedes estar seguro de que no es fácil gestionar tanta gente y procesos. Por eso, la constancia en las virtudes que nos enseña el bambú es fundamental, tanto para los líderes como para los liderados (roles que deben cambiarse constantemente, como toda democracia digna de ese nombre).

Los estatutos de estas dos instituciones deben establecer claramente un proceso disciplinario para excluir a las personas (socios o cooperativistas) que incurran en conductas indebidas, incompatibles con el espíritu del cooperativismo y del asociacionismo.

Sigue un modelo asociativo y dos modelos cooperativos (trabajo y vivienda), con los objetivos sociales de aprovechar la cadena productiva del bambú. Cuando solicite acceso, le pediremos un comprobante de pago de este libro. Si adquiriste este libro de forma ilegal, simplemente busca cualquier librería online y regulariza tu situación con nosotros.

Modelo de Estatuto de Cooperativa de Trabajo <https://docs.google.com/file/d/1vWn0QYxGXiCgoEjTXV3FJ4-neL1j2nVW/edit?usp=docslist_api&filetype=msword>

Modelo de estatuto de cooperativa de vivienda <https://drive.google.com/file/d/1UqIIJH4hloQStm7ioPRT8Lx_oeCVKfcd/view?usp=drivesdk>

Modelo de Estatuto de Asociación <https://docs.google.com/file/d/1AmjFonwiGsgXMPudDi4vwei9Is-Kryed/edit?usp=docslist_api&filetype=msword>

"¿De qué le sirve a alguien ganar el mundo entero, pero perder su verdadera vida? Porque no hay nada que puedas pagar para recuperar esa vida". Marcos 8, 36. No dejes que la envidia y la avaricia se apoderen de tus negocios, porque corroen cualquier relación social.

11. BREVE ANÁLISIS DEL MERCADO

El mercado de productos de bambú ha crecido significativamente en los últimos años, impulsado por las tendencias globales en sostenibilidad, innovación y conciencia ambiental. El bambú, una planta de rápido crecimiento, se ha destacado como materia prima versátil y respetuosa con el medio ambiente en varios sectores. Lo que alguna vez se consideró artesanía hippie desechable ahora tiene nichos muy buscados. A continuación se detallan los principales factores que impactan este mercado:

1. Sostenibilidad y Responsabilidad Ambiental

- Alta tasa de crecimiento: el bambú crece mucho más rápido que otras fuentes de madera (algunas especies crecen hasta 1 metro por día) y se puede cosechar sin necesidad de replantar. Esto la convierte en una alternativa sostenible a la madera tradicional y otros materiales que requieren años para renovarse.

- Carbono Neutral: El bambú es altamente eficiente en la captura de dióxido de carbono de la atmósfera, ayudando a combatir el efecto invernadero. Esto ha atraído a empresas y consumidores que buscan productos con una menor huella de carbono.

- Biodegradable: Los productos de bambú son en gran medida biodegradables, lo que reduce el impacto medioambiental tras su eliminación.

2. Diversidad de aplicaciones

- Construcción Civil: El bambú se está utilizando en construcciones sostenibles, sustituyendo a la madera, el hormigón y el acero en determinadas aplicaciones. Es ligero, resistente y flexible, lo que lo hace ideal para proyectos arquitectónicos respetuosos con el medio ambiente.

- Mobiliario y Decoración: Los muebles de bambú han ganado espacio por su diseño moderno y sostenible, además de duraderos. La creciente demanda de productos de decoración ecológicos también favorece a este segmento.

- Moda y Textil: El bambú se utiliza para producir tejidos naturales, suaves y transpirables, lo que atrae a marcas y consumidores preocupados por el medio ambiente. El sector de la moda sostenible está adoptando el bambú para sustituir los tejidos sintéticos y de algodón.

- Productos de consumo: Los cepillos de dientes, cubiertos, pajitas y utensilios domésticos fabricados con bambú son alternativas a los productos de plástico. Este segmento ha experimentado un crecimiento significativo debido a la demanda de artículos reciclables y libres de plástico.

3. Innovación y Procesamiento Tecnológico

- Nuevas Técnicas de Procesamiento: La innovación en el procesamiento del bambú permite utilizarlo de formas más variadas. Procesos que mejoran la resistencia, flexibilidad y durabilidad del bambú han permitido su aplicación en segmentos industriales, como la fabricación de pisos, paneles laminados e incluso bicicletas.

- Nanotecnología: El uso de la nanotecnología en el procesamiento del bambú está ayudando a crear productos de bambú con propiedades antibacterianas, resistencia al agua y mayor durabilidad, lo que amplía las posibilidades de mercado.

4. Mercado global y tendencias regionales

- Asia: El bambú es una materia prima muy utilizada en los países asiáticos, principalmente en China e India. China es el mayor productor y exportador de productos de bambú del mundo, mientras que India está invirtiendo en el sector para crear oportunidades económicas rurales.

- Europa y América del Norte: En estos mercados, el bambú ha sido ampliamente adoptado en productos ecológicos, como pajitas, utensilios de cocina y artículos decorativos, satisfaciendo una demanda creciente de alternativas ecológicas.

- América Latina: Países como Brasil y Colombia tienen una gran biodiversidad de bambú, con potencial para ampliar su producción. En Brasil, están surgiendo iniciativas de producción de bambú en respuesta al mercado sostenible.

5. Desafíos y Oportunidades

- Falta de infraestructura y conocimiento técnico: Aunque el bambú tiene un gran potencial, en muchas regiones falta una infraestructura adecuada para explotar esta planta de manera eficiente y sostenible. El desarrollo de tecnologías de procesamiento y capacitación técnica es crucial.

- Estándares de Certificación y Sostenibilidad: A medida que el mercado crece, surgen dudas sobre la trazabilidad y certificación de los productos de bambú. Certificaciones como la FSC (Forest Stewardship Council) son importantes para asegurar prácticas sustentables en la cadena productiva.

- Educación y concienciación del consumidor: promover los beneficios del bambú, como la sostenibilidad y la durabilidad, es vital para aumentar la demanda. Muchos consumidores aún no están plenamente informados sobre las ventajas medioambientales y económicas de los productos de bambú.

El mercado de productos de bambú está en auge, impulsado por la demanda de alternativas sostenibles en múltiples industrias. A pesar de algunos desafíos, como la necesidad de mayor infraestructura y conocimiento técnico, el potencial de crecimiento es alto. Las empresas que invierten en innovación y sostenibilidad pueden aprovechar esta tendencia global, creando una cadena de valor que beneficie tanto al medio ambiente como a la economía.

Otra oportunidad para utilizar el bambú es la construcción de casas utilizando el método del marco de bambú, dentro de las regulaciones y estándares, y láminas de bambú encoladas y cortadas. En un escenario de transición de la vida urbana al medio rural, por parte de personas que buscan una mejor calidad de vida, una cooperativa de vivienda hecha de casas de bambú es la solución ideal para quienes quieren vivir en el campo sin tener que gastar una fortuna.

Considere también las ganancias indirectas. ¿Cuánto crédito de carbono se genera en una hectárea de bambú leñoso? Describiré el cálculo para las especies Dendrocalamus Asper y Guadua Angustifolia, ya que son las campeonas en este sentido.

En una hectárea (10.000 m^2) tenemos 250 matas de bambú (plantadas en un espacio de 5x8 m, cubriendo 40 m^2). En un macizo tenemos un promedio de 20 bambúes, considerando que algunos no se desarrollan y se eliminan para dejar espacio a los mejores.

Después de 5 años de brotación, una caña de bambú leñosa tiene una masa de al menos 50 kg. Para nuestro cálculo solo consideraremos la parte que se utilizará (es decir, se descarta la punta, las ramas y las hojas). De esos 50 kg tenemos 40 kg de biomasa (80%), en forma de celulosa ($C_6H_{10}O_5$), y lignina ($C_{11}H_{14}O_4$), además de glucosa ($C_6H_{12}O_6$) mezclada con un 10% de agua (formando la savia vegetal) y 10 % otros minerales. De estos 45 kg de biomasa y savia tenemos aproximadamente un 45% de carbono, o 20 kg.

Cabe recordar que todo este carbono salió de la atmósfera, mediante la absorción de dióxido de carbono (CO_2) para que el bambú realice la fotosíntesis. Ninguna planta toma carbono de ningún otro lugar que no sea el aire.

Si un bambú absorbe 20 kg de carbono hasta que madura (5 años), una mata de 20 tallos absorbe 400 kg de carbono en 5 años (considerando que la mata ya está formada), la conclusión es que una mata absorbe **80 kg de carbono por año**.

A partir del quinto año se puede (y se debe) realizar una gestión sostenible de estas matas, extrayendo hasta 5 ramas de cada una. En una hectárea tenemos 5 postes x 250 matas = **1250 postes de bambú por hectárea**, disponibles para cosechar cada año. Se puede contar con un margen del 4% de los palos que no serán suficientemente buenos para el comercio (grietas, tratamientos incompletos, agujeros de insectos, etc.), o 1200 palos/hectárea.

Cada vara de bambú absorbió 20 kg de carbono de la atmósfera en un año, por lo que en una hectárea tenemos un secuestro de carbono de 20 x 1.250 = 25.000 kg (25 toneladas, o **25 créditos de carbono**), cada año, a partir del quinto año de formación de la mata (ya que cada año la empresa exige que se coseche bambú maduro, y cada año las matas soltarán nuevos brotes).

Mantener estas referencias por hectárea/año: **1200 varillas y 25 créditos de carbono.**

A partir de ahí podemos calcular los rendimientos, ya que cada caña de bambú (3 m), tratada e impermeabilizada, tendrá un precio diferente en el mercado.

CÁLCULO DE VIABILIDAD ECONÓMICA
RENTABILIDAD

Una vez formada la plantación de bambú (de cinco a siete años desde la siembra) es posible obtener de 1000 a 1200 cañas de bambú de 15 metros por hectárea y año, en la siguiente proporción:

- 1000 a 1200 postes de 3 metros con propiedades estructurales (paredes de bambú superiores a 1 cm), denominados bambú tipo A;

- 2000 a 2400 varillas de 3 metros para uso en BCP, muebles, paredes sin estrés estructural, llamado bambú tipo B;

- 2000 a 2400 varillas de 3 metros para uso en techos, conexiones entre bambú, artesanía y decoración, denominada bambú tipo C.

Los valores de mercado varían entre R$ 30,00 (tipo A), R$ 20,00 (tipo B) y R$ 10,00 (tipo C) por barra, dependiendo de sus propiedades.

Por tanto, en una hectárea tendremos un rendimiento bruto de:
- R$ 30.000,00 a R$ 36.000,00 para bambú tipo A;
- R$ 40.000,00 a R$ 48.000,00 para bambú tipo B;
- R$ 20.000,00 a R$ 24.000,00 para bambú tipo C.

Total de R$ 90.000,00 a R$ 118.000,00 por hectárea de bambú tratado e impermeabilizado, por año.

COSTOS VARIABLES

- El principal producto para el tratamiento químico del bambú es el bórax, vendido a R$ 28,00 el kg. Se necesitan 1.000 kg de bórax para tratar 5.000 varas de bambú de 3 metros (R$ 28.000,00 por año).

- El Stain se utiliza para impermeabilizar y se vende a 850 reales el bidón de 18 litros. Se necesitan 25 galones de Stain para impermeabilizar 5.000 postes de bambú de 3 metros (R$ 21.250,00).

- Otros costos variables incluyen pago de personal (R$ 15.000,00 año), combustibles y lubricantes (R$ 3.500,00 año), logística (R$ 6.000,00), repuestos y mantenimiento (R$ 4.000,00) y cargas tributarias (R$ 2.500,00).

Costos variables totales de aproximadamente R$ 80.250,00, por hectárea y por año, generando una ganancia neta de R$ 37.750,00 por hectárea y año.

En 60,5 acres (242.000,00 m2 o 24,2 he), tenemos un saldo positivo estimado de R$ 913.550,00 por año.

RENDIMIENTO DE LA INVERSIÓN

Considerando los costos iniciales de R$ 3.000.000,00 (incluyendo la compra de sesenta acres de tierra, herramientas e insumos) y las ventas máximas por hectárea (R$ 118.000,00), y las ventas a partir del séptimo año, es posible predecir que el proyecto será exitoso. rentable a partir del NOVENO AÑO de su implementación, considerado desde la siembra (1er año).

Sin embargo, es importante destacar que el aumento de la oferta de bambú tratado en el mercado hará que su precio de venta al consumidor baje considerablemente a largo plazo, pero incluso en este caso puede haber un aumento de la demanda, lo que provocará la estabilización de los precios en un valor entre un 10 y un 20% inferior a las previsiones anteriores, pero manteniendo aún una tasa de beneficio considerable.

Tenga en cuenta que BLP, BCP y las casas construidas con el método del bamboo frame tienen mucho más valor agregado, generando una rentabilidad mucho mayor. El estado final deseado es ofrecer una solución completa para el agricultor de bambú: una cooperativa para trabajar, una cooperativa de vivienda para tener un lugar donde vivir con su familia (construirá su propia casa o la comprará con sus ingresos) y una asociación para defender sus intereses (la gama es enorme, desde los seguros de vida hasta los seguros de salud).

Un BLC de 80 x 80 cm (que utiliza 2 piezas de bambú tipo A, tratamiento y pegamento) se vende en promedio a R$ 200,00, y un BFC (que utiliza 2 piezas de bambú tipo B, grapas, espuma expandible y tratamiento), se puede vender por R$ 120,00.

Una casa de 120 m^2 construida con bambú costará aproximadamente R$ 150.000,00 (aproximadamente 800 tableros BFC, 300 bambúes tipo A, 600 bambúes tipo B y 300 bambúes tipo C, más herrajes), además de las puertas, ventanas y vidrios (se pueden hacerlo con bambú también, ¿por qué no?) y también la parte eléctrica, hidráulica, biodigestor, cisterna, caldera, paneles solares, que no se puede hacer con bambú (pero para los que quieren vivir en el campo es absolutamente necesario).

En total, una casa de bambú de 120 m^2, lista para entrar a vivir, costará aproximadamente R$ 300.000,00, cuatro veces menos que una casa de hormigón armado y mampostería. Tómalo o déjalo.

Recuerda que con la adquisición de una propiedad rural necesitarás esperar de cinco a siete años para que tus matas ofrezcan esta cantidad de bambú, por lo que el retorno económico llegará recién en el noveno año de inversión.

Los créditos de carbono se han vendido por 3,40 dólares, pero las variaciones son enormes. En Brasil aún no existe una regulación específica para este mercado, sólo el Proyecto de Ley 2.148/2015, que instituye el Sistema Brasileño de Comercio de Emisiones de Gases de Efecto Invernadero (SBCE), pero aún no aprobado.

Los créditos de carbono generados por el secuestro de carbono con bambú pueden negociarse en mercados de carbono regulados o voluntarios. Para que un proyecto de plantación de bambú sea elegible para la generación de créditos de carbono, debe seguir estándares establecidos y estándares de certificación, como los estándares Gold Standard, VCS (Verified Carbon Standard) o CCB (Climate, Community & Biodiversity).

Una forma indirecta de intercambiar tus créditos de carbono es cooperar con el Ministerio Público Ambiental, responsable de denunciar delitos contra el medio ambiente. Simplemente ponerse de acuerdo con una empresa que haya firmado un Término de Ajuste de Conducta (TAC) con el Ministerio Público para evitar un proceso penal por contaminación, deforestación, etc., y ofrecer una solución que agrade a todos: la empresa paga para que la asociación/cooperativa recupere lo degradado. zona como forma de extinguir el proceso. La empresa recupera su reputación, el medio ambiente gana la revitalización del sitio y la asociación/cooperativa obtiene los recursos necesarios para iniciar su negocio con el bambú. Excelente trato.

Plantar bambú para obtener créditos de carbono ofrece una oportunidad prometedora tanto desde el punto de vista ambiental como económico. Su alta eficiencia en captura de carbono, sostenibilidad y multifuncionalidad hacen del bambú una alternativa interesante para propietarios de tierras, inversores en proyectos de carbono y comunidades locales. Sin embargo, el éxito de estos proyectos depende de una planificación cuidadosa, un seguimiento adecuado y una certificación rigurosa para garantizar la eficacia en la mitigación del cambio climático y la generación de beneficios ambientales y sociales duraderos.

12. CONCLUSIÓN

Un análisis comparativo de la competitividad del bambú en relación con otros materiales de construcción, como la madera, los plásticos y el hormigón armado, demuestra que el bambú también tiene su potencial.

* más barato que la madera;

* más duradero que el plástico;

* más fácil de manipular que el hormigón;

- De esta manera, el bambú encuentra el equilibrio entre precio, durabilidad y practicidad en relación con otros materiales presentes en el mercado, pero sin perjudicar nichos de mercado específicos, como los puentes de hormigón, algunos plásticos desechables y las maderas duras.

- Considerando factores como costo, resistencia, durabilidad, sustentabilidad ambiental, facilidad de manejo y estética, se destacan las ventajas del bambú para posicionar estratégicamente nuestros productos en el mercado.

El bambú tiene una tasa de crecimiento rápida, que puede alcanzar hasta 1 metro por día, dependiendo de la especie y las condiciones de crecimiento. Esta característica permite que el bambú capture grandes cantidades de CO_2 en un corto espacio de tiempo. Comparado con otras plantas, el bambú tiene una capacidad excepcional para secuestrar carbono.

El bambú absorbe entre un 30% y un 35% más de carbono que muchos árboles típicos, lo que lo hace muy eficiente en términos de mitigar las emisiones de gases de efecto invernadero.

El sistema de raíces del bambú también contribuye al secuestro de carbono en el suelo, ya que retiene el carbono en la biomasa subterránea, promoviendo la mejora y regeneración del suelo.

Una de las ventajas del bambú sobre otros cultivos forestales es que se puede cosechar sin necesidad de replantarlo, ya que a partir del rizoma existente crecen nuevos tallos. Esto hace que la plantación de bambú sea una solución forestal sostenible para la captura de carbono, reduciendo la necesidad de deforestación y brindando beneficios continuos:

El bambú se puede cosechar todos los años a partir de los 5 años, a diferencia de los árboles que necesitan décadas para crecer. Esto significa que las áreas plantadas con bambú pueden generar créditos de carbono de forma más continua.

Además de capturar carbono, el bambú se puede utilizar para diversos fines, como construcción, biocombustibles, papel y productos textiles, lo que puede generar ingresos económicos adicionales para los propietarios de tierras y fomentar la economía circular.

El bambú es conocido por su resistencia a la erosión del suelo y su capacidad para regenerar zonas degradadas, lo que lo convierte en una herramienta eficaz para la recuperación ambiental. Esto es particularmente valioso en áreas en riesgo de desertificación, donde el bambú puede ayudar a estabilizar el suelo, retener la humedad y restaurar la biodiversidad.

En regiones donde el suelo ha sido severamente degradado, plantar bambú puede ayudar a revertir el daño ambiental y recuperar la vegetación nativa con el tiempo, al mismo tiempo que secuestra carbono.

El bambú tiene una alta tolerancia a condiciones climáticas extremas, lo que lo convierte en una opción viable en regiones que enfrentan los impactos del cambio climático, como sequías o inundaciones prolongadas.

Los créditos de carbono generados por el secuestro de carbono con bambú pueden negociarse en mercados de carbono regulados o voluntarios. Para que un proyecto de plantación de bambú sea elegible para la generación de créditos de carbono, debe seguir estándares establecidos y estándares de certificación, como los estándares Gold Standard, VCS (Verified Carbon Standard) o CCB (Climate, Community & Biodiversity).

Los proyectos de bambú que buscan vender créditos de carbono deben ser validados por auditorías de terceros, que certifiquen que el secuestro de carbono es real, adicional (no habría ocurrido sin el proyecto) y verificable.

A medida que se intensifican los esfuerzos globales para combatir el cambio climático, existe una demanda creciente de créditos de carbono de alta calidad. El bambú puede proporcionar créditos de carbono "premium", ya que, además de capturar carbono, promueve beneficios sociales y ecológicos.

Si bien el bambú ofrece muchas ventajas, también existen algunos desafíos a considerar.

Es necesario un sistema eficaz de seguimiento y verificación continuos de la cantidad de carbono secuestrado para garantizar la integridad de los créditos de carbono generados.

Aunque el bambú está ganando terreno en el mercado de carbono, algunos compradores todavía dan prioridad a los proyectos forestales tradicionales. Sin embargo, esto tiende a cambiar a medida que se implementan y tienen éxito más proyectos de bambú.

El éxito de la plantación de bambú depende de las condiciones locales, como el tipo de suelo, el clima y la disponibilidad de agua. En algunas regiones, puede ser necesario hacer adaptaciones para garantizar el éxito de los proyectos.

Para que un proyecto sea bueno es necesario complacer a todas las partes involucradas. En nuestro caso, el hombre, la naturaleza y Dios.

Trabajar con bambú es bueno para el ser humano porque es fácil de plantar y mantener, el material tiene diferentes usos y genera empleo e ingresos suficientes para ti y tu familia.

Trabajar con bambú también es bueno para la naturaleza, porque absorbe CO_2, contiene la erosión, recupera el suelo y se puede propagar rápidamente después de un incendio.

Para Dios también es bueno, porque es un material más sencillo y rústico, de fácil acceso y barato, que permite el ascetismo, la humildad y el desapego de las cosas de este mundo.

A pesar del atrevido título de esta obra (Bambú de la A a la Z), no pretendemos agotar absolutamente todo lo que se puede escribir sobre el bambú, pues esta tarea sería imposible. Nuestra propuesta es permitirte acceder a este conocimiento y realizar tus propios descubrimientos.

Citando a Isaac Newton: "Si he podido ver más lejos que los demás es porque me he subido a hombros de gigantes". Espero que en el futuro también se pueda sumar conocimientos técnicos y científicos sobre esta formidable planta.

"El principio de la ciencia es el temor del Señor" (Proverbios 1:7). Usa este conocimiento muy sabiamente, de acuerdo a los planes de Dios en tu vida.

Muchas gracias y que Dios los bendiga y proteja siempre.

¡¡¡BAMBÚ!!!

###

Este libro representa la opinión del autor y nada más; no representa las opiniones de ningún gobierno, organización o tercero.

Asimismo, no contiene información sensible o confidencial. Siempre juego según las reglas.

Gracias por su interés en leer este libro. Mi más sincero agradecimiento.

Seguramente mucha gente no estará de acuerdo con él, como es habitual en cualquier discusión... Por eso, me gustaría conocer su punto de vista.

No dude en enviar sugerencias, comentarios y opiniones a rogeriocietto@gmail.com, Asunto Bambu Vitae – Bambu de la A a la Z. Su correo electrónico es bienvenido.

Otros libros publicados, disponibles en las principales librerías online, en diferentes idiomas:

- Armadura del Cristiano – Preparación y enpeñamiento en el combate espiritual

- Ecocasa – Una visión holística de una vida sostenible

- El león y el dragón: un cuento ficticio sobre economía y política.

- Combater el buen combate: cómo luchar contra el terrorismo con una misión de paz

- El fusible del fusil – el terrorismo como marco jurídico para la aplicación del Derecho Internacional Humanitario

- ¿ Eran los santos astronautas? – una visión trascendente sobre la exploración del Universo

Lamento informarles que no me encontrarán en Facebook, Twitter, Orkut ni ningún otro medio.

Alguna información sobre mí:

Formación Académica

1998 - 2002 - Licenciatura en Derecho.

Facultad de Derecho de Itu, Faditu, Brasil

2004 - 2005 - Postgrado en Derecho Tributario.

Facultad de Derecho de Itu, Faditu, Brasil

2008 - 2008 - Postgrado en Aplicaciones Complementarias a las Ciencias Militares - Derecho.

Escuela de Administración del Ejército, EsAEx, Salvador, Brasil

2009 - 2010 - Postgrado (Especialización) en Derecho Internacional Humanitario

Programa HUMANMED - Universidad de Nice, Francia

2011 - 2012 – Calificación Profesional en Operaciones de Paz

Instituto de Capacitación en Operaciones de Paz, Estados Unidos de América

2016 – 2016 – Curso de Oficiales Superiores Militares

Escuela de Oficiales Superiores del Ejército Brasileño

2018 – 2019 – Postgrado en Derecho Militar

Centro Universitario Sur de Minas, Brasil

2020 - 2021 – Maestría Universitaria en DDHH, DIH y Derecho Operacional

Universidad Antonio de Nebrija, España

Organizaciones militares en las que he estado:

2008 - Escuela de Administración del Ejército, Salvador, Brasil

2009 – 8ª Región Militar, Selva Amazónica, Belém, Brasil

2010 – Compañía Fronteriza Amapá, Oiapoque, Brasil

2011 – Departamento de Ingeniería y Construcción, Brasilia, Brasil

2012 – Batallón Brasileño en Haití, Puerto Príncipe, Haití

2013 – Comando de Operaciones Especiales, Goiânia, Brasil